大宗商品金融化的
影响研究

马春阳 著

南京大学出版社

图书在版编目(CIP)数据

大宗商品金融化的影响研究 / 马春阳著. —南京：
南京大学出版社，2016.5
  ISBN 978 - 7 - 305 - 16676 - 1

  Ⅰ. ①大… Ⅱ. ①马… Ⅲ. ①金融期货市场—研究
Ⅳ. ①F832.5

  中国版本图书馆 CIP 数据核字(2016)第 068293 号

出版发行　南京大学出版社
社　　址　南京市汉口路 22 号　　邮　编　210093
出 版 人　金鑫荣
书　　名　**大宗商品金融化的影响研究**
著　　者　马春阳
责任编辑　周　军　　王日俊　　　编辑热线　025 - 83592193
照　　排　南京紫藤制版印务中心
印　　刷　扬州市江扬印务有限公司
开　　本　718×960　1/16　印张 12.25　字数 231 千
版　　次　2016 年 5 月第 1 版　2016 年 5 月第 1 次印刷
ISBN 978 - 7 - 305 - 16676 - 1
定　　价　38.00 元

网址:http://www.njupco.com
官方微博:http://weibo.com/njupco
官方微信:njupress
销售咨询热线:(025)83594756

序

从经济学原理上来说,大宗商品价格由供需决定,这也是大多数分析师做基本面分析的逻辑起点。然而,影响商品价格的因素很多,宏观、技术、心理都会影响价格的波动。最近几年,越来越多的对冲基金参与到大宗商品期货市场,金融化现象似乎越来越明显。马春阳博士以"大宗商品金融化"为选题,具有理论和应用价值。

认识马春阳博士8年有余,起初他是杭州永安期货研究中心的一名分析师,2009年成为宏源期货研究中心总经理,后来由于去中国人民大学读博的原因离开宏源选择了安信期货公司,2015年上任国都期货公司总经理,同时兼任对外经济贸易大学等高校MBA、统计学、金融学硕士生导师,是期货市场年轻有为的行业翘楚。我在中国期货业协会工作,经常邀请他参与协会的课题研究、培训考试方案论证、课件制作及命题工作,他的理论造诣和专业能力给我留下了深刻印象。

大宗商品金融化是一个新的命题,学术界颇有争议,马春阳博士勇于探索,以此为题来写作博士论文,本身具有挑战性。也许是多年实务经验的熏陶,他的研究更接地气一些,包括在书中指出纯粹的供需研究很难解释价格的暴涨暴跌,明确指出了其研究对象是大宗商品期货,从宏观与微观两个层面探讨了大宗商品金融化的市场表现、定价机制、风险分散价值、风险传染机制以及信息扩散机制。本书最大的特点是视野独特,数据翔实,对市场参与者构建交易策略具有很好的借鉴意义,对监管当局的政策建议亦有一定的参考价值。

　　期货、期权是较为复杂的金融工具，中国期货市场发展的历史不长，其功能在逐渐发挥，衷心希望能有更多的青年才俊学习期货，研究期货，投身期货，在理论、实务上有所建树，为中国期货市场更好地服务实体经济作出贡献！

金融学博士生导师，中国期货业协会原专职副会长兼秘书长

李　强

于北京金融街

2016.3.15

前　言

　　"金融化"一词非常热门，最近几年主要出现在宏观经济、大宗商品等领域。宏观经济金融化主要用于描述宏观经济活动的金融化，指宏观经济的利润主要来自于金融部门，金融部门的影响力超过实物商品及贸易领域；大宗商品金融化指拥有信息优势的金融资本在大宗商品期货市场影响力越来越大，通过投机、资产配置等方式参与大宗商品期货市场，进而影响商品价格形成机制的过程，表现为不同板块大宗商品价格联动增强、波动幅度加大，价格并非总是供需基本面的真实反映。然而，宏观经济金融化并不代表商品金融化，后者的范围和影响明显比前者要小很多，但对实体经济、金融市场产生了一系列深远的影响。商品金融化的主要原因是金融资本大量进入商品市场。与个人散户、产业投资者相比，金融投资者在全球信息、资金规模、人才团队方面具有绝对优势，且与市场上权威卖方研究机构关系密切，对宏观经济、大类资产选择、事件冲击通常有着相似的判断。随着量化投资、程序化交易、宏观对冲基金的兴起，金融投资者大量买卖行为往往高度相似，其结果表现为商品期货价格波动以及持仓增减方向具有一致性，也就是所谓的羊群效应，并且与股票、债券市场联系密切。

　　本书立足于研究大宗商品金融化对商品期货定价机制、资产配置风险分散、风险传染、信息扩散的影响，并客观评价大宗商品金融化利弊以及应对策略。具体而言，本书主要有三个部分：大宗商品金融化的市场表现（第3章）；大宗商品金融化的影响（第4章、第5章）；大宗商品金融化的利弊分析及应对策略（第6章）。

　　第一部分：重新定义了"大宗商品金融化"。金融化程度的衡量往往比较困难，本书从宏观和微观两个层面来探讨中国大宗商品期货市场的金融化程度。在宏观层面，对比了中国、欧美国家的期货市场。单从成交量与现货产量比来看，欧美国家的期货市场深度远远强于中国，这是因为欧美投资者中机构投资者占比越来越大，包括养老基金、保险基金、共同基金、封闭基金、信托基金、对冲基金，使得期货成交量远远高于现货产量；从成交量与持仓比、价格与基本面一致性以及投资者结构来看，中国市场的投机程度远远高于欧美市场。投机资金的介入大大增强了商品期货市场的流动性，但同时又会加剧期货市场价格波动的幅度与频率，给商品价格增添一层金融属性。由于大宗商品价格形成机制复杂，呈现非线性、动态性以及结构异化等特性，在微观层面，除了分析大宗商品期货市场是否存在羊群效应外，本书假设金融化是驱动大宗商品的重要因子，按商品板块分析了面对外部冲击时，各板块是否存在显著的风险联动及相关性。与国际上学者做法一致，本书选用 2004 年、2008 年作为分界点，研究了不同阶段大宗商品市场金融化的微观表现，结果表明中国大宗商品市场羊群效应在 2004 年、2008 年前后表现不一，大宗商品 2008 年以后的羊群效应较 2004 年之后更为显著，除煤焦钢板块外，股票市场对所有大宗商品的冲击并不显著。微观层面与宏观层面得出的结论似乎产生背离，本书认为这是由于实证假设前提、中国尚未推出指数化期货、投资者结构方面与欧美国家存在很大差异所导致。

第二部分：对大宗商品金融化的基本概念、市场表现进行分析后，本书以大宗商品金融化的影响为落脚点，分别研究了商品金融化对大宗商品定价机制、股票与债券市场的影响。

定价机制方面，传统商品定价理论存在诸多不足，本书在异质性代理人理论模型的基础上引入了基于宏观面影响因素的预期调整，认为金融投资者同时扮演宏观面、基本面、技术面代理人的角色，从而推导出参与者异质性定价模型。在 Borensztein & Reinhatr（1994）的框架下，引入了货币市场，探讨局部均衡即货币市场与产品市场均衡下的大宗商品宏观定价模型，在理论上分析宏观经济预期、货币政策与流动性、汇率与大宗商品期货之间的相互关系。本书选用农产品、化工品、煤焦钢、有色金属、贵金属 5 个板块，覆盖 18 个活跃品种，运用 SVAR 模型分不考虑基本面、考虑基本面两种情况进行了实证研究。

在不考虑供需基本面的情况下，中国宏观因子扰动对大宗商品变动的贡献率总和按大小排列依次为煤焦钢（99.91%）、有色金属（16.63%）、农产品（11%）、化工品（10.99%）、贵金属（6.23%），全球主要经济体宏观因子扰动对大宗商品板块变动的贡献率总和依次为煤焦钢（99.02%）、有色金属（20.1%）、农产品（12.72%）、化工品（11.83%）、贵金属（6.15%）。除煤焦钢、贵金属外，全球主要经济体宏观因子扰动对其他三个板块指数的贡献率明显高于中国宏观因子，换句话说，从全球范围内考虑金融化因素能更好地解释大宗商品价格的波动。

在考虑供需基本面因素的情况下，因为品种属性之间的差异，无论是只考虑中国因素，还是通盘考虑全球主要经济体，由基本面扰动引起的贡献率均未超过 5%，远远低于宏观因子 15%—20% 左右的贡献率。这说明大宗商品的金融化现象非常明显，基于宏观金融因子的定价模型更适合解释大宗商品的价格波动。

在大宗商品期货对股票、债券市场的影响方面，本书依次从风险分散、风险传染、信息扩散三个层面展开分析。首先，分三个阶段按整体市场、板块、单个品种考察了商品期货、股票市场、10 年期国债到期收益率的波动率即相关系数，结果表明近年来大宗商品风险分散价值越来越弱，意味着股票、债券、大宗商品之间的风险传染的可能性增强；接下来运用 BEKK - GARCH 模型分析了金融化大宗商品对股票、与债券市场的波动溢出效应，实证结果表明：无论是整个市场、板块还是单个品种，大宗商品金融化改变了大宗商品价格变化对股票市场、债券市场的影响模式，大类资产市场之间的关系越来越密切。当影响大宗商品的金融化因素发生变化时，其价格波动风险会立即传导到股票、债券市场，这一现象越来越普遍，金融化商品对资产配置来说，其风险分散价值越来越弱。最后，从信息扩散实证结果看，商品金融化因子对 10 年期国债的贡献率普遍高于股票板块，商品期货板块指数对股票板块指数、10 年期国债的贡献率普遍低于金融化因子的贡献率，大宗商品期货、股票、债券市场受共同的因子驱动，且彼此价格之间的联系越来越紧密。

第三部分：在全面分析大宗商品金融化的影响后，本书认为中国大宗商品金融化既有国际因素，也有自身原因，而且中国机构投资者刚刚起步，应该辩证地看待大宗商品金融化的利弊。适度金融化有利于期货市场价格发现、规避风险、财富管理功能实现，但过度金融化会引起商品期货价格脱离供需基本面、风险分散价值衰竭，甚至导致实体经济产生道德风险。大宗商品金融化背景下，对投资者来说，应该改变传统的价格分析预测模型；对于监管层来说，应该提升现货、期货市场的透明度，建立动态的商品金融化监测系统以及价格稳定机制，转变传统的监管方式并鼓励市场创新。

目 录

第一章

导　论

1.1　选题背景及意义

过去 10 年里，大宗商品期货市场发生了巨大的变化，全球商品期货市场的成交量迅速增加并远远超过了实物产量。2008 年，金融市场风险不断累积，直至最后爆发了严重的金融危机，大宗商品期货市场成交量急剧增加，价格走势表现出一致的暴涨暴跌。从 2002 年至 2008 年，大宗商品期货价格持续上涨，出现了近几十年中规模、深度、广度最大的牛市，全球大宗商品期货期权合约增加了 5 倍，同期场外交易的商品衍生品名义价值增长超过 20 倍，至 13 万亿美元。与此同时，中国大宗商品价格出现了 1.5—4.5 倍不等的涨幅。2008 年中，上海期货交易所铜期货价格是 2004 年的 4 倍，大连商品交易所大豆期货价格是 2004 年的 2 倍，从供需基本面的角度看，同一时期供给与需求并未发生如此巨大的变化。

金融危机之后，大宗商品板块之间、大宗商品与股票指数的联动性明显增强。令人惊讶的是，传统的供需分析很难解释多个品种之间的同涨同跌，一度让投资人士怀疑基本面尤其是供需面的研究价值。针对这种商品期货市场异象，学术界尚无统一的定义与解释，有学者认为美国市场大宗商品价格同涨同跌主要是由指数投资者引起的，并称之为"商品金融化"。

大宗商品金融化最早可以追溯到 20 世纪 80 年代，美国大宗商品期货市场的快速发展，使得传统现货市场的投资者意识到商品期货具有交易快捷、风险管理等优势，随着大量新兴投资者兴起，期货市场监管不得不适应新的发展变化。1987 年，美国 CFTC 正式宣布以广义的风险管理为目的的期货交易为特殊情况，可以获得"非投机"的监管政策豁免，包括挂钩商品期货的指数化交易。商品期货金融化的发展趋势获得了监管当局的政策背书，由此金融化获得蓬勃发展。最近十年，指数化投资逐渐兴起，大宗商品作为一个资产类别加入多样化投资组合，2008年交易名义价值达到2000亿美元，同期美国所有交易所期货期权总名义价值为9460亿美元。除指数化投资者外，不太关注商品基本面情况的期货管理基金也开始活跃，这些投资者主要通过技术信号进行交易，进而增加了商品期货价格的短期波动率。

中国商品期货市场起步较晚，发展初期交易所众多，期货公司、投资者行为极不规范，乱象丛生，严重扭曲了期货市场价格。1993年以后，国务院及证监会开始对期货市场进行清理整顿，交易量大幅萎缩，大宗商品期货市场曾一度陷入了低迷状态。2004年《国务院关于资本市场改革开放与稳定发展的若干意见》正式发布，为期货市场的规范发展奠定了坚实基础，此后大宗商品期货市场成交量、成交金额以平均每年46%和66%的速度增长。截至2014年8月，中国已经上市44个大宗商品期货品种，由于监管政策限制等原因，大宗商品期货市场仍以中小散户为主，金融投资者占比仍然偏低。近年来大量私募基金的兴起，投资者结构开始逐渐发生改变。虽然中国尚未推出商品指数期货，然而，近年来国内商品期货价格之间、商品与股票市场之间联动十分明显，引发了学术界、监管层以及投资者的积极关注。

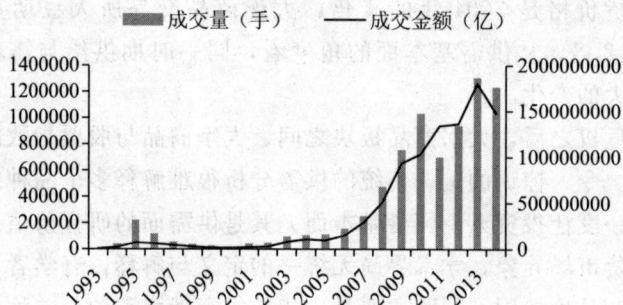

图1.1　中国大宗商品期货市场历年成交量与成交金额（按单边算）

"金融化"一词非常热门，最近几年主要出现在宏观经济、大宗商品市场等领域。宏观经济金融化主要用于描述宏观经济活动的金融化，指宏观经济的利润主要来自于金融部门，金融部门的影响力超过实物商品及贸易领域；大宗商品金融化指拥有信息优势的金融资本在大宗商品期货市场影响力越来越大，通过投机、资产配置等方式参与大宗商品期货市场，进而影响商品价格形成机制的过程，表现为不同板块大宗商品价格联动增强、波动幅度加大，价格并非总是供需基本面的真实反映。

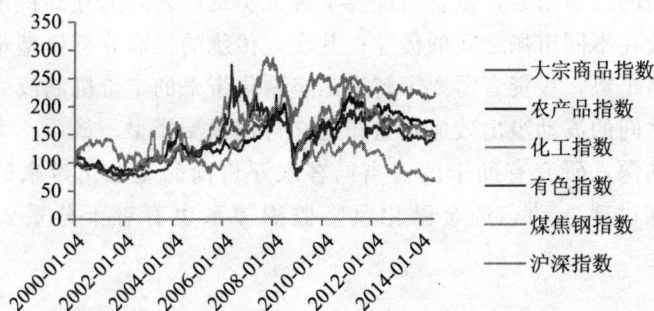

图 1.2　中国大宗商品期货与股票市场历史价格走势

然而，宏观经济金融化并不代表商品金融化，后者的范围和影响明显比前者要小很多，但同样对实体经济、金融市场产生了一系列深远的影响。商品金融化的主要原因是金融资本大量进入商品市场，与个人散户、产业投资者相比，金融投资者在全球信息、资金规模、人才团队方面具有绝对优势，且与市场上权威的卖方研究机构关系密切，对宏观经济、大类资产选择、事件冲击通常有着相似的判断。随着量化投资、程序化交易、宏观对冲基金的兴起，金融投资者大量的买卖行为往往高度相似，其结果表现为商品期货价格波动以及持仓增减方向的一致性，也就是所谓的"羊群效应"，并且与股票、债券市场保持密切联系。

大宗商品金融化对期货定价机制、资产配置风险分散、期货市场功能发挥有举足轻重的影响。从定价机制看，存储理论、风险溢价理论以及对冲压力理论等已有期货定价理论主要是针对期货与现货之间关系，隐含的假设前提是现货价格决定期货价格，两者之间通过无套利限制产生联系，金融化正在改变传统大宗商品期货定价机制，期货价格对现货价格的影响越来越大。从经济学的角度看，影响大宗商品期货的因素众多，有关大宗商品金融化对其定价影响的研究正在不断的发展之中，对资产配置风险分散、期货市场功能发挥的影响仍然存在很多争议。

为了全面理解金融化的来龙去脉，本书从商品金融化宏观衡量、微观表现出发，通过抓住主要矛盾探求大宗商品期货可能的运行趋势。以探讨大宗商品金融化为基点，挖掘商品金融化的原因、影响与传导机制，研究金融化背景下商品定价机制、资产配置价值以及不同金融市场之间的风险传染机制，有着十分重要的理论价值与现实价值：首先，某个市场如果表现出很强的"羊群效应"，意味着许多有实力的市场参与者使用相同的信息，其特征、观点与头寸也会相似。交易所要考虑如何

第一章　导论

3

提供准确的价格信号，监管当局要了解大类资产之间的互动机理，防范金融风险在不同市场之间的传导；其次，传统的供需分析模型难以预测商品价格走势，投资者需要了解商品金融化带来的定价机制改变以及大类资产之间的波动溢出效应，重新建立行情预测模型；最后，大宗商品金融化的深入研究有助于监管当局客观评价商品金融化带来的利弊得失，对探讨建立动态的金融化风险监测体系也有着十分重要的现实意义。

1.2 研究思路与结构安排

1.2.1 研究思路

本书首先综合分析了已有的金融化相关文献，并进行了全面细致的梳理与总结。结合 Dore（2000）、Epsein（2005）、Krippner（2005）、Casey（2011）以及联合国贸易和发展会议与发展秘书处（2011）对金融化的定义，本书明确提出大宗商品金融化是指拥有信息优势的金融资本在大宗商品期货市场的影响力越来越大，通过投机、资产配置等方式参与大宗商品期货市场，进而影响商品价格的形成机制的过程，表现为不同板块大宗商品联动增强，波动幅度加大，价格并非总是供需基本面的真实反映。

其次，对金融化界定进行梳理之后，从宏观指标上对金融化程度进行衡量，在微观层面运用计量方法分析不同历史阶段金融化的市场表现，解释了实证结果在不同国别之间的差异。商品金融化的原因复杂多样，其影响与传导机制因板块属性不同而有所差异。大宗商品金融化带来的影响主要表现在资产定价、风险分散、风险传染以及信息扩散机制四个方面。

在资产定价方面，本书基于异质代理人的金融化定价模型，认为金融投资者更多依赖于宏观基本面而非供需基本面，探讨了货币市场与产品市场同时均衡下的局部宏观定价模型，解释了各个宏观因子对大宗商品价格波动贡献的差异。有关商品风险分散价值的讨论，很多文献认为商品期货能够有效对冲股票、债券市场的风险，降低组合的系统性风险，这一结论在金融化背景下越来越受到质疑。本书系统分析了商品金融化因素的传导机制以及商品期货与股票、债券市场之间的互动机理，

大宗商品金融化的影响研究

通过严密的实证结果展示了金融化背景下大宗商品的风险分散价值、风险传染机制、信息扩散机制。

最后，基于前面的理论分析及实证结果，本书试图探讨商品金融化带来的利弊及应对策略。对投资者来说，如何改善分析预测模型至关重要；对监管当局来说，金融化背景下如何发挥期货市场功能，监控大类资产市场的风险传染，是一个迫切需要解决的重要课题。

1.2.2 结构安排

本书分为七章，对大宗商品期货金融化的市场表现、影响及相关对策进行了探讨。

第一章，导论。主要对研究背景、研究思路、研究方法与创新点进行介绍。

第二章，相关研究文献综述。按照本文的研究思路，分两个层次进行综述，一是从商品金融化的定义、市场表现、金融化效应模型进行详细介绍与总结；二是从大宗商品的影响出发，重点介绍了定价机制、波动溢出效应、风险分散方面的文献。

第三章，大宗商品金融化的市场表现。首先，对金融化进行定义；其次，对中国与美国的金融化程度进行宏观衡量，并详细分析了中国大宗商品金融化的微观表现；最后，研究商品金融化的深层影响因素，就国际市场上商品金融化对定价机制、资产配置、监管政策带来的影响进行了探讨。

第四章，大宗商品金融化对传统定价理论的拓展与实证。本章是全书的重点章节之一，回顾了大宗商品现货与期货市场传统定价理论，指出金融化背景下传统定价理论在解释行情波动方面的不足，扩展了基于异质代理人的金融化定价模型，强调金融投资者的参与使宏观基本面对大宗商品期货价格的影响越来越大。在此基础上，构建了基于宏观基本面的期货定价模型并进行实证分析。

第五章，大宗商品金融化对股票、债券市场的风险分散价值研究。影响大宗商品的金融化因子本身也是影响股票、债券市场的重要变量，在第四章的基础上重点分析了金融化因素的传导机制以及大类资产之间的互动机理，对商品金融化下大宗商品风险分散、风险传染以及信息扩散机制进行了实证分析。

第六章，大宗商品金融化的评价及应对策略。辩证看待金融化对大宗商品市场带来的利弊，结合第四章、第五章的研究结果，对市场参与者、监管当局分别提出了相关应对策略。

第七章，全书结论与研究展望。

1.3　研究方法与创新

本书主要采用理论与实证相结合的分析方法。以商品定价理论、资产配置理论、金融市场理论作为分析基础，对大宗商品金融化的市场表现、定价机制、风险分散价值、风险传染机制以及信息扩散机制进行了部分理论拓展与实证分析，并得出了一些有益的结论。

具体而言，本书尝试了以下创新：

（1）从期货市场的价格与交易特征出发，对大宗商品的交易主体、交易行为、市场表现的特征进行了明确的定义，提出了金融化宏观层面的指标体系，并按大宗商品、商品板块分别从整体和局部分阶段检测了"羊群效应"及股票市场对"羊群效应"的影响，为构建宏观、微观层面的金融化程度模型提供了一定的新思路。

（2）由于中国尚未推出商品指数期货，对商品金融化的研究大多停留在定性层面，或者只对少数几个品种在较短的时间内进行实证，其结论的可靠性值得怀疑。本书首次从更大范围、更长时间内对大宗商品指数、商品板块、单个品种的金融化市场表现、定价机制、风险分散价值等方面进行全方位的实证研究，在商品指数、综合性宏观指标构建方面做了一定的创新性工作，能够捕捉到大量有价值的信息。

（3）本书系统梳理了大宗商品现货、期货的相关定价理论。针对商品金融化现象，本书认为金融投资者扮演宏观面、基本面、技术面代理人的角色，在异质性代理人理论模型的基础上引入了基于宏观面影响因素的预期调整，金融投资者决定其头寸的主要原因是外生的，受宏观经济、货币政策与流动性的影响，并以此为基础探讨局部均衡即货币市场与产品市场均衡下的大宗商品宏观定价模型，在理论上探讨宏观经济、货币政策与流动性、汇率与大宗商品期货之间的相互关系，实证结果表明全球范围内考虑宏观因素能够更好地解释国内大宗商品价格波动，小样本数据显示供需基本面扰动引起的大宗商品波动远远低于宏观因子。

（4）本书把大宗商品与股票市场、债券市场联系起来，分三个阶段研究整个大宗商品指数与沪深 300 指数、大宗商品板块与相关行业股票

大宗商品金融化的影响研究

指数、商品期货品种与相关个股之间的相关性，并进行横向与纵向比较，运用 BEKK - GARCH、SVAR 模型等方法揭示大宗商品期货风险分散功能的价值，考察大宗商品不同属性成分对股票市场的影响差异，以探讨价格之间的信息扩散以及风险传导机制，一定程度上丰富了大宗商品金融化领域研究的相关内容。

（5）中国大宗商品金融化程度、原因与欧美有本质的区别，本书深入分析了中国大宗商品金融化因素的传导机制以及大类资产之间的互动机理，提出辩证看待金融化带来的影响。针对商品金融化带来的影响，其投资建议对市场参与者构建交易策略具有较好的借鉴意义；对监管当局的政策建议具有一定的可操作性。

第二章

相关研究文献综述

2.1 金融化的相关文献

2.1.1 金融化的定义

"金融化"一词来源于对经济状态的描述,有关金融化的文章比较零散,近年来逐渐成为学术界研究的热点之一。2007 年美国次贷危机可以解读为实体经济过度金融化导致危机爆发,美国企业普遍面临着去杠杆,奥巴马政府也提到美国经济"再工业化"。金融化主要分为两大类:一类是宏观经济金融化;另一类是大宗商品金融化。针对这两类金融化现象,学者们给出了不同的定义。

Epstein(2005)认为金融化是指在国内和国际两个方面上,金融市场、金融机构以及金融业精英们对经济运行和经济管理制度的重要性不断提升的过程。

Krippner(2005)在《社会经济评论》上第 3 卷第 2 期发表的《美国经济金融化》,实证发现 20 世纪 70 年代以来美国经济继服务业、信息经济、后工业主义兴起后出现一个新的特征:金融化,美国经济以及企业的利润越来越多并已经主要地来自金融渠道而非商品制造和贸易。同时,Krippner(2005)对金融化的不同表述进行了归纳:第一,金融化意味着作为公司治理模式之一的股东价值取得了支配地位(Froud et al. 2000;Lazonick & Sullivan,2000;Willianms,2000);第二,金融化是资本市场在以银行为基础的金融系统中的支配地位越来越强(Phillips,2002);第三,金融化意味着靠股息、租金生活的这一特定阶层政治、经济势力不断增强(Hobson,1971;Hilferding,1981;Linin 1988);第四,金融化是运用大量新的金融工具进行交易而产生的爆炸性增长(Phillips,1996);第五,金融化是通过金融途径而非贸易和商品生产途径获取利润的积累模式(Arrighi,1994)。Krippner 比较认同第五种定义，把金融化理解为一种积累模式，在这种模式中，利润主要是通过金融渠道而非贸易和商品生产领域所获取。

Palley（2007）认为金融化是金融市场、金融机构和金融行业精英对经济政策和经济活动的影响逐渐加深的过程，金融化同时在宏观和微观两个层面上改变着经济体系的运行方式。金融化的影响主要体现在：（1）提升了金融部门相对于实体部门的重要性；（2）将收入从实体部门转移到金融部门；（3）加剧收入分配不平等并导致一般工人工资停滞。更重要的是，金融化使经济面临债务型通货紧缩及长期萧条的风险。

Casey（2011）认为金融化被理解为金融动机、金融市场、金融从业者和在国内和国际经济中运行的金融机构在大宗商品市场中的作用日益增强。

联合国贸易和发展会议与发展秘书处（2011）认为"商品交易的金融化"是指金融动机，金融市场和金融业者在商品市场的运行中发挥越来越大的作用。越来越多的金融投资者进入大宗商品市场，他们把商品作为一种资产类别，其交易并非基于基本的供求关系，巨大的头寸持有会对整个市场波动产生影响，从而使大宗商品市场越来越具有金融市场的运行逻辑。投资者参与大宗商品交易的主要目的是为了分散化投资，获得与股票投资一样的平均收益而免受经济周期干扰，商品收益与股票、债券往往负相关；商品期货在对抗通货膨胀方面具有很好的保值功能；商品期货亦可以对冲美元汇率的贬值风险。

国内学者如崔明（2012）认为大宗商品金融化意味着金融性动机（投机动机）、金融市场以及金融机构和从业者在商品市场运行中所占的地位越来越重，金融化的动因与投资组合多样化、抵抗通胀、对冲美元汇率、对新兴经济体市场投资的替代、套利需求、宽松货币环境以及新型金融产品密切相关。

文时萍，左璐璐（2014）指出农产品金融化是让农产品能够在市场上进行自由交易，其价格随着市场的波动而波动。具体来说，就是金融资本进入到农产品市场中，使得农产品现货、期货市场与金融市场联系紧密，金融投资者在农产品市场的比重不断攀升，大量的金融资本正在进入农产品市场，使农产品市场的金融属性大大增强，商品属性逐渐减弱。

国内外学者根据研究需要从不同角度对金融化进行了定义，描述了金融化现象的存在与否，但对大宗商品金融化程度、大宗商品金融化带来的影响研究相对较少。

2.1.2 大宗商品金融化

2000 年以前，大宗商品价格水平比较平稳，可以用供给与需求来解释大宗商品价格的波动。然而 2004 年以后，大多数商品出现了快速上涨，并在 2008 年金融危机中大幅跳水，与股票市场同涨同跌的现象引发了学者们的关注，大宗商品市场是否存在金融化现象，学术界仍然存在争议，2007 年金融危机之后研究大宗商品金融化的文献日渐丰富。

2007 年以前大宗商品金融化研究的雏形是"羊群效应"。有关羊群行为的定义及原因，学者们做了各种解释。Christie & Huang（1995）认为羊群行为是一种压制个人信念，基于市场集体行动进行投资决策的趋势，即使个人不同意其集体预测。Bikhchandani & Sharma（2001）将"羊群效应"定义为投资者有明显意图地复制其他投资者作为一个群体购买和出售资产的行为。Shleifer & Summers（1990），Avery & Zemsky（1998），Chari & Kehoe（2004）提出了一种基于信息理论的羊群行为，认为跟随能获取更多信息的投资者比个人投资者更容易接近信息本身。Devenow & Welch（1996）指出在一个不完全信息市场，资产管理者可能倾向"隐藏在羊群"不被评价，或者为了证明管理水平采取"骑牧"行为。其他研究如 Scharfstein & Stein（1990），Rajan（1994），Graham（1999），Swank & Visser（2008）研究表明，基金经理们模仿别人的原因是补偿激励或维护声誉。然而，不管这种行为背后的理由是什么，Dennis & Strick（2002），Luo（2003），Gabaix 等人（2006）认为，羊群行为可能会导致资产价格过度波动从而偏离其基本价值。

已有文献提供了不同市场中对羊群行为的研究，证明"羊群效应"是一种较为普遍的现象。一种常用的检验方法是利用资产收益率之差，如 Christie & Huang（1995）应用于美国股票，Chang 等人（2000）对国际股票市场、Gleason 等人（2003）对欧洲交易所的商品期货、Gleason 等人（2004）对交易所交易基金、Demirer & Kutan（2006），Tan 等人（2008）对中国股票市场、Demirer（2010）对台湾股票市场、Chiang & Zheng（2010）对全球股票市场、最近 Philippas（2013）对房地产投资信托基金、Balcilar（2013）对海湾地区的阿拉伯国家股市的研究。然而，这些结果还没有被扩展到美国商品期货。关于商品市场的研究，Pindyck & Rotemberg（1990）的一些研究表明，交易者的羊群行为可能会导致商品价格过度联动。Wiener（2006）检验90年代中期国际石油市场的投机行为发现投资者中一些群体往往采取平行交易。同样，Gilbert（2009）区分投机者和商品基金，发现了有色金属市场由于投机活动引起的短期爆炒行为。

2007年以后，针对学者们对大宗商品研究的焦点从"羊群效应"转移到金融化，然后再研究股票市场对"羊群效应"的冲击，然而大宗商品市场是否存在金融化，实际上一直存在争议。

支持者们如Domanski & Heath（2007）认为随着一系列交易工具与策略的使用，在过去的四年里大宗商品市场上机构投资者明显增加，这些变化在何种程度上引起了投资者结构改变仍不清楚，但某些方面，大宗商品市场已变得越来越像金融市场，越来越多的机构投资者活跃于贸易双方，投资活动增加带来的好处是市场效率提高，正在进行"金融化"的大宗商品市场引发的问题与其他金融市场类似。

Redrado，Carrera，Bastourre & Ibarlucia（2009）提出了采用非线性多元STAR方法可以更好地理解价格运动的原因，明确包含了金融化角色所起的作用。他们认为金融化可以作为大宗商品价格周期的放大因子，构建一个基本面与金融化相互作用分析框架，将投机作为影响价格短期动态变化而非长期均衡的影响因子，而基本面可以作为预测长期价格的唯一驱动因子，市场参与者预期异质性决定了均衡价格调节的关键特征。实证结果显示：短期动态价格显著支持这一观点，商品价格长期趋于走向均衡，短期内只有当偏差足够高的时候才会产生校正，因此价格走势依赖于市场情绪。

Falkowski（2011）讨论了商品的金融化定义、不同类型参与者导致的商品市场结构改变、商品价格因素构成、投机在商品市场中扮演的角色等内容，基于数据检查区分短期和长期商业和非商业交易者的参与情况，认为商品市场的指数投资的快速增长表明商品市场正在经历金融化过程（商品之间、商品与整个金融市场的状况相关），商品价格受基本面和金融化因素的影响，然而后者的影响程度难以精确量化，金融投机对商品价格上涨是否承担主要责任仍然存在争议。

Dwyer，Gardner & Williams（2012）检测了商品价格水平和波动率增加背后的原因。证据表明，金融投资者能够影响一些商品价格的短期价格动态，商品价格水平和波动率主要由其基本面决定。

Buyuksahin & Robe（2012），Singleton（2012）考察了 2008 年石油市场的繁荣与萧条后认为机构投资者起了显著作用。作为一种重要的大类金融资产，大宗商品期货越来越广泛地被机构投资者作为一种多元化投资工具。

Tang & Xiong（2012）研究表明：从 2004 年开始机构投资者的进入，石油和其他商品的联动关系显著上升，活跃指数中的商品表现更为明显，而在 2004 年前，指数商品与非指数商品联动模式区别并不显著。随着指数投资快速增长，大宗商品市场、非能源商品价格越来越与石油价格相关，大宗商品与金融资产以及大宗商品之间越来越相关，这一结果也有助于解释在 2006—2008 的看似无关的商品价格同步上涨和下跌现象。在金融化过程中，单个商品的价格不仅仅是由供给和需求决定的。相反，价格由一系列金融因素决定：如金融资产的风险偏好、商品指数投资者的多样化投资行为。

Buyuksahin & Robe（2012）运用 CFTC 的数据，指出最近股票指数和商品之间的相关性逐步增加的原因是对冲基金活跃于股票和商品期货市场。最近，Henderson，Pearson & Wang（2012）基于商品之间的联系提出了商品期货市场金融化的最新证据，虽然金融机构投资者的交易是否影响商品期货价格仍然缺乏统一意见，但在股票市场已经得到很好的证明。Harris & Gurel（1986）和 Shleifer（1986）大量的文献记载：将股票添加到标准普尔 500 指数和其他指数中，移出时的价格压力主要来自机构投资者。与此相关的是，各种研究文献中所谓的"资产类别"效应：资产之间的"过度"联动是由于股票属于相同的指数或其他可见的类别（例如，Barberis，Shleifer & Wurgler（2005）对于 S & P500 指数和非 S & P500 指数），这些影响均归结于机构投资者。

Cheng & wei（2013）认为商品期货市场中大量流入的投资资金在过去十年中引发了关于金融化是否扭曲了商品价格的激烈争论。不是着眼于有关资金流入是否造成价格泡沫，作者通过严格的学术视角研究商品市场金融投资者影响风险承担与价格发现，金融化已经通过这些机制极大地改变商品市场。

Adams，Zeno，Glück & Thorsten（2013）认为随着大量流动性进入商品市场，金融化现象改变了商品与股票市场上投资行为与投资结构的独立性，财务困境很难单独解释价格联动的规模与持续性，大宗商品期货已经成为机构投资者的一种投资风格。

大宗商品金融化的影响研究

国内学者如吕保军、钟正生（2010）根据投资者跟踪指数的方式不同，将指数化投资的方法分为三种，分别是复制法、基金法和衍生工具法。他们认为商品指数基金与商品指数期货在对期货价格、流动性、定价效率和市场结构等四个方面具有不同的影响。大宗商品指数期货交易不会直接增加市场某一方的力量，其影响往往是中性的，但可能放大并扭曲市场对商品的真实需求，金融资本的进入与撤离使期货价格在较长的时间内偏离基本面，价格扭曲效应最终会通过贸易定价机制等方式传递到现货市场，从而导致现货价格大涨大跌。

并非所有的学者都认为大宗商品市场存在金融化。反对者们如Chunrong 等人（2006）反对将投机和羊群行为作为商品价格联动的主要原因，证明大宗商品市场不存在"羊群效应"。Adrangi & Chatrath（2008）承认商品交易者之间的头寸存在某种程度上的联系，然而他们的结果表明其关联性低于"羊群效应"。同样，Boyd 等（2009）研究交易数据发现，对冲基金的羊群行为不会对原油市场稳定性产生负面影响。

Irwin，Sanders & Merrin（2009）指出没有商品指数基金与期货交易市场的商品在 2006—2008 年间同样出现价格暴涨。Stoll & Whaley（2010）报告了 CBOT 小麦、KCBOT 小麦、MGEX 小麦在2006—2009 年高度相关，而只有 CBOT 小麦和 KCBOT 小麦是指数投资者深度参与、频繁使用的。Stoll 和 Whaley 还注意到同一时期内，COMEX 黄金、COMEX 白银、NYMEX 钯金和 NYMEX 铂金期货价格也是高度相关，而只有黄金和白银包含在了商品指数期货里面。

Choi & Hammoudeh（2010）认为商品交易者同时关注股票与大宗商品市场的波动，从而推断彼此的价格走势。对比原材料与资本市场的价格波动可以为股票、商品的替代策略提供一些有用的信息。Steen & Gjolberg（2013）对羊群行为进行推理，研究了商品收益率的相关模式和主成分，发现并无显著支持。总之，文献提供了大宗商品市场的羊群行为的相互矛盾的证据。Demirer & Lee 等人（2013）利用状态转移模型，检验美国大宗商品市场的"羊群效应"时发现，高波动状态下较为明显。能源和金属领域的大的价格波动有助于在谷物市场羊群行为，股票市场对商品期货市场羊群行为无显著影响，研究结果一般不支持备受争议的大宗商品金融化假说。

2.1.3 大宗商品金融化模型

最近几年，学者们试图从指数基金、风险溢价、消费者福利的角度来构建金融化模型。Barberis & Shleifer（2003）将金融化趋势解释为一种行为，但并没有用具体模型来讨论金融化趋势，直到 2011 年，Liu，Qiu & Tang，Cortazar，Kovacevic，Schwartz，Basak & Pavlova 等学者们开始研究机构投资者尤其是指数基金对商品期货价格影响的金融化模型，金融化对大宗商品的价格产生了一系列影响。

Liu，Qiu & Tang（2011）认为商品作为一种新的金融资产逐步被越来越多的机构投资者接受，他们开发了一个均衡模型显示，金融投资者确实在影响大宗商品价格和波动率。此外，金融投资者减弱了便利收益（基本面的代理变量）与商品价格的关系，他们使用 21 个在美国上市的商品价格与指数交易者在 12 种农产品上的头寸进行实证，结果表明与基于金融需求的商品理论定价模型预测一致。

Cortazar，Kovacevic & Schwartz（2013）提出了一个简单方法将商品和资产定价模型集成。考虑到目前有证据表明大宗商品市场存在金融化效应，与大宗商品风险溢价相关的有价值的信息可以从资产定价模型提取和使用，以大幅度改进由当前商品价格模型提供的预期现货价格。该方法可用于任何一对商品和资产定价模型，用 Schwartz & Smith（2000）的两因素商品价格模型和 CAPM 模型就可以实现，模型中可以获得合理的符合期货价格的预期现货价格，且没有负面影响。

Basak & Pavlova（2013）的研究股票市场指数和资产类别效应，其模型没有描述多样化商品的特征，也未强调金融化争论方面的主要问题，即商品期货价格的上涨多少比例是由需求冲击引起的，多少比例是由金融化引起的，该模型也没有将现金流冲击的溢出效应机制从指数类资产扩展到非指数类资产。为了解决这些问题，他们开发了一个金融化效应模型，探讨机构投资者与传统期货市场参与者的特征发现：如果一个商品期货包含在指数中，供给和需求冲击将溢出到其他商品期货市场。相反，非指数商品的供给和需求冲击只影响该商品市场本身。此外，所有商品期货价格与波动率上升，指数商品期货比非指数商品期货上升的幅度更大。金融机构投资者的存在会增加商品期货之间及商品与股票之间的相关性。指数商品期货之间的相关性强于非指数商品，金融化效应能说明 11% 至 17% 的商品期货价格波动，其他由基本面解释。

Baker（2013）建立了一个包括生产者、经销商、家庭、活跃期货市场的耐储藏商品的模型，研究大宗商品金融化是如何影响现货与期货价格，对原油市场测量后发现，模型暗示金融创新对现货价格没有任何影响，降低了存货售完的频率。然而当存货售完时，现货价格飙升超过了金融化之前的水平，这意味着现货价格的波动率是由金融创新引起的。此外，期货市场持有长期头寸的风险收益明显降低，尽管家庭部门不欢迎风险收益减少，波动率增加，但他们受益于产量增加以及更高的库存水平，金融化轻微地增加了家庭福利。

Fattouh & Mahadeva（2014）评估了 2003 年后商品市场中更大规模的金融参与发生的原因及启示，以原油为关注点，构建了一个影响消费者福利的，包括原油价格与数量的校准宏观金融模型，发现金融投机者偏好与约束条件变化并不能解释观测到的期货价格运动，从而很难使消费者福利暴露于冲击之下，即便意见存在分歧时。

有关商品金融化模型的探讨，尤其在是否增加了家庭福利方面，存在较大的争议。总体而言，相关模型对大宗商品期货定价、风险分散、风险传染、信息扩散的研究相对较少。

2.2　大宗商品期货的定价

大宗商品期货定价理论相对匮乏，主流的定价是基于现货的无套利均衡定价，而现货价格由供需关系来说明。有关大宗商品期货定价的文献，Keynes（1930）提出了延期交割费用理论，即期货价格与现货价格之差。Working（1949）提出了存储价格理论，发现两个不同到期日的期货价格与现货价格之差为正时，存货水平通常较高，但是当这一价差为负时，存货水平依然不为零。对这一现象的解释推动着存储价格理论的发展。Brennan（1985）、Robert（1999）等人研究发现，由于对冲交易机会的存在，存储行为确实会在一个具有竞争性、确定性的收益水平上发生。Ross（1981）证明，当利率为固定不变时，具有某个确定交割日期的期货合约可以看做具有相同交割日期的远期合约，这时远期合约与期货合约的价格应完全一致。总结起来，过去很长一段时间里，期货定价主要是基于无套利均衡、对未来现货价格的预期以及两者的结合，最近三十年里期货定价理论并未有实质性的改进。

2000 以后，随着互联网的兴起，信息在投资之间的传递速度、传递效率快速提升，大大降低了微观投资主体之间的信息不对称性，期货价格与现货价格走势高度相关，基差几乎不再是影响市场参与者投资的主要因素，取而代之的是对宏观经济、金融变量以及事件的关注。研究大宗商品金融化，本质上就是要研究供需基本面以外的其他影响因素对大宗商品价格波动的贡献程度。除了自身供需面之外，宏观经济、货币政策与流动性、汇率无疑会影响大宗商品价格走势，学者们就宏观经济、金融变量与大宗商品之间的关系进行了广泛而深入的探讨。

传统的结构分析方法试图探讨商品价格与宏观经济变量如工业国家的经济周期和美元汇率之间是否具有稳定和可以预测的关系，包括 Chu & Morrison（1984，1986），Dornbusch（1985），Gilbert（1989）运用部分均衡模型，均认为这些宏观变量是外生的。

Frankel（1986）认为如果将商品价格看作灵活的资产价格，那么利率与商品价格将会呈现负向关系。在有效市场中，商品预期收益应该与金融市场中的其他资产相等，否则就会产生无风险套利机会。商品市场预期收益根据预期价格上涨实现，通过包含风险溢价的持有成本调整。因此，当利率下降时，当前商品价格将比预期上涨幅度要大一些，如过度冲击，从而保证商品价格的预期上涨等于实际利率的下降。

Borensztein & ReinhartSource（1994）认为传统的结构分析方法过分依赖于需求因素解释价格行为，未能解释 1980 年—1990 年之间大宗商品持续走弱，将原有框架拓展为两个重要的方向：首先在分析中引入商品供给因素，捕捉了 1980 年的债务危机中发展中国家商品出口显著增加对价格带来的影响；其次，采用一个更加广阔的视角将"世界"需求延伸到工业国家包括东欧的发展中国家以及苏联国家。

Frankel（1986）研究了一系列商品价格过度冲击理论，商品在竞价市场上快速交换，因此能立刻对市场压力做出反应。当货币政策发生改变后，商品价格会反应过度，冲击新的长期均衡，因为其他商品价格具有粘性。Surrey（1989），Boughton & Branson（1990，1991），Fuhrer & Moore（1992）检测了商品价格和消费价格之间关系的货币条件。Cody & Mills（1991）研究了宏观经济对商品价格的影响，Hua（1998）研究了过去十年除美国外的货币政策对商品价格的影响。Svensson（2006）认为充分考虑世界经济增长的贡献是必须的，因为它导致了更高的利率水平和商品价格。

Redrado, Carrera, Bastourre & Ibarlucia（2009）提供了一个连贯

的理论和实证框架，旨在提高对这些商品价格驱动因素的认识，尤其是将大宗商品金融化纳入了长期价格分析框架。他们采用平滑过渡向量自回归模型来测试大宗商品市场的异质性代理模型，区分这些影响长期价格的变量："均衡"或"基本面"的价格与产生机制，加强并最终矫正的短期内对均衡价格的偏离。结果表明，现货和基本面价格之间往往是纠正相对较快。他们认为投机活动主要影响短期价格，而非长期均衡价格，基本面是预测长期价格的主要驱动力。然而，商品参与者预期的异质性决定均衡价格调整的特征。

Akram（2009）研究真实利率和美元的下降是否导致更高的商品价格，商品价格对真实利率改变的反应中是否存在过度冲击行为，基于结构 VAR 模型分析了原油、食品、金属和工业原材料的历史表现后发现：真实利率下降时商品价格显著上涨，石油和工业原材料价格表现出过度冲击行为，弱势美元导致更高的商品价格水平，利率和美元冲击能较好地说明商品价格的波动。

Belke，Bordon & Hendricks（2010）将主要 OECD 国家的数据加总，运用约翰森协整、VAR 的方法检验了货币、利率、货物以及全球水平上的大宗商品资产价格发现：控制利率波动的情况下，货币（定义成全球流动性加总）仍然是决定商品资产和货物价格长期一致性的关键因素，商品价格有助于识别重要货币政策从全球流动性到其他宏观经济变量的传导。

Fan & Xu（2011）通过基于结构性改变视角的市场信息传递机制概括了 2000 年以来国际油价的基本面，使用内生决定的断裂测试，把 2000 年后国际石油市场的价格波动分为三个阶段："相对平静的市场"期间（2000 年 1 月 7 日到 2004 年 3 月 12 日）；"泡沫积聚"期间（2004 年 3 月 19 日到 2008 年 6 月 6 日）；"全球经济危机"时期（2008 年 6 月 13 日到 2009 年 9 月 11 日）。结果表明，结构突变的存在驳斥了全样本期间的整体调查的作用，而在不同结构时期石油价格变化及其影响的程度和方式的主要驱动力截然不同。然后，通过建立比较模型演示了自 2000 年以来市场机制的演化过程，量化投机和偶发事件在石油价格波动中所起的作用。

Pen & Benoît Séevi（2013）利用最近发展的最大似然因素模型，考虑足够多的信息作为基本面进行建模，运用 9 类宏观因素 187 个宏观经济变量进行实证发现：对冲与投机压力能解释 60% 的过度联动，金融化过程、不同类型参与者的投资行为起了主要作用，商品的供给与需求变量不是决定均衡价格的唯一因素。

事实上，影响大宗商品价格的因素众多，既有宏观经济、货币政策与流动性，也有商品自身的供求状况，投机因素，等等，金融化背景下很难有一个成熟的框架去分析并预测大宗商品价格的走势，大宗商品价格到底是由实体经济的真实需求，还是投机决定？韩立岩，尹力博（2012）通过建立因素增强型 FAVAR 模型，试图提炼一个合理的分析框架揭示大宗商品价格波动的影响因素，通过选择中美两国实体经济、国际投机因素、商品期货市场供需与库存状态的 532 个经济指标，对大宗商品价格影响因素进行多角度实证研究，研究结果表明：在长期，实体经济因素是大宗商品价格上涨的主要动力；在短期，国际投机因素导致了大宗商品期货的金融化，而并非中国因素主导大宗商品金融化，监管层应该监控商品指数期货中的短期投资行为。

吕志平（2013）运用 VAR 模型对美国货币流动性 M2 与全球大宗商品期货价格进行实证研究发现：货币流动性虽然对大宗商品期货价格波动存在一定影响（并不特别显著），两者走势始终大体一致。从格兰杰因果检验看，货币流动性并不是引起全球大宗商品期货价格波动的最主要原因。货币流动性对大宗商品价格波动贡献不大，但作为大类资产之一，货币资产配置会影响大宗商品的价格。大宗商品价格主要由自身的供求关系决定，货币流动性大小仅是通过货币因素制约或活跃商品期货交易量，进而影响期货价格波动。

文时萍，左璐璐（2014）通过对国际农产品价格及其影响因素建立时间序列模型，重点分析了美元指数、国际原油对农产品如肉、油、原糖、谷物和奶制品的加权指数影响，实证结果表明：2008 年全球金融危机以后，农产品金融化趋势愈加明显，国际农产品价格与美元指数、原油价格呈现显著的相关关系。针对这种金融化趋势，提出要加快人民币国际化以及农产品产业化经营模式。

总体而言，上述文献在分析大宗商品价格决定因素方面，主要分析美国市场，认为商品主要由美国市场进行定价，因而通常将美元指数作为一个主要的影响因素，然而，随着中国需求的崛起，如甲醇、螺纹钢，中国是最大的生产国与消费国，分析中国大宗商品金融化则需要建立一个更加贴近实际的框架。已有文献在分析中国市场时采用过多的宏观因子，与机构投资者关注的指标存在很大差异，而且并未说明供需面与金融化因子对当商品价格波动的贡献。因此，对传统的定价模型进行拓展显得十分必要。

2.3 大宗商品的风险分散与波动溢出效应

2.3.1 大宗商品风险分散效应

2004年美林投资时钟实证结果显示，在不同的经济周期中，大类资产的表现差异较大，大宗商品相对于股票、债券市场而言，具有明显的风险分散效应。大宗商品具有分散化风险的优势得到了大量的实证支持。

Lummer & Siegel（1993）把GSCI期货加入包含股票、债券、现金的投资组合中发现商品期货对股票与债券具有很好分散化效应，并能有效对抗通货膨胀；Georgiev（2001）发现高盛商品指数投资对于宏观因子单一的风险暴露，能够捕捉到一种潜在的正收益，商品或者商品指数可以作为资产配置的一部分。

Büyük，Haigh & Robe（2007）使用动态关联和递归协整技术，发现在过去的十五年里，可投资的大宗商品与美国股票指数的价格、收益率之间的相关系数并未显著变化，没有证据表明在极端收益时期，大宗商品与股票市场收益率之间联动性增加。

Chong & Miffre（2008）研究商品期货与传统资产（全球股市与固定收益指数）收益的条件相关系数的时间序列变化结论指出，商品期货和标准普尔500指数收益率之间的条件相关系数随着时间的推移下降，表明商品期货已经成为战略性资产配置较好的工具。即便在股票市场波动较为剧烈的时期，其相关性也是下降的。长期机构投资者可以在股票市场高波动期间获得多样化投资的好处；同样，当短期利率波动上升，大宗商品期货与国债收益率相关性下降，在短期国债组合中增加大宗商品期货能够降低利率波动风险。

张雪莹、于鑫（2011）运用BEKK-GARCH模型研究了2007年1月—2010年3月底黄金、铜、铝、大豆、棉花、玉米期货与上证指数收益率之间条件相关系数的动态变化特征，发现商品期货与股价指数收益率之间存在较低的相关性；两者之间的相关性随股票市场波动率的增大而下降，股市波动幅度越大，商品期货与股价指数之间的相关性越低，大宗商品具有分散风险的功能。

杨胜刚，成博（2014）针对股票市场与不同商品市场之间的差异，将中国、中国香港、美国三国（地区）股市与大宗商品作为研究对象，通过构建 VAR‑TGARCH‑AGDCC 多元模型，从均值溢出效应、动态相关性维度来研究股票市场与大宗商品市场之间的互动机理。实证结果表明：不同的商品的风险分散功能存在差异，黄金市场具有显著的风险分散功能，与股票市场几乎不相关；石油和金属铜市场受金融危机冲击，与三大股票市场的联动性在 2008 年全球金融危机之后明显上升。从中美股市与大宗商品市场的互动差异来看，美国股市与大宗商品市场的信息传递和互动关系最为明显，中国内地、香港股票市场与大宗商品市场之间的关系表现较弱。

然而，近年来大宗商品分散风险的功能越来越受到质疑。以石油为例，大量学者通过实证研究发现，石油期货价格对股票市场的影响显著。Gogineni & Division（2007）探讨了股市作为一个整体以及不同行业对石油价格变化反应发现：由于原油供给改变或者由总需求变化带来的正面效应引起油价的负面变化，尽管财经媒体认为油价对股票市场有影响，平均来说这种影响很小而且仅仅在油价剧烈变动时才会在经济上显著。除了石油敏感行业，其他不使用石油的行业也对油价敏感。

Park & Rattia（2007）通过对美国和 13 个欧洲国家的 1986 年 1 月—2005 年 12 月的数据实证发现，石油价格冲击对实际股票收益在统计上有显著影响。挪威作为一个石油出口国，石油价格上升后真实股票收益有一个明显的正向反应，从方差分解的结果来看，石油价格冲击能解释股票收益波动的 6%。对大多数欧洲国家来说，油价波动加剧显著压低股票收益。

Kilian & Park（2007）表明美国股票收益率反应差异取决于原油价格上涨是否由需求和供给冲击引起的。传统的观点认为油价上涨必然导致股价下跌被证明仅适用于原油市场需求冲击，如增加对原油需求反映了对未来石油供应短缺的担忧。与此相反，对工业大宗商品的全球需求正冲击导致油价和股价走高，这有助于解释近期美国股市、油价的飙升。石油供给冲击对收益没有显著影响。长期来看，石油需求和石油供应冲击能够说明美国股票收益率变动的 22%。

Filis（2009）运用 VECM 探讨希腊消费者物价指数，工业生产，股市和油价之间的关系，采用多变量 VAR 模型来审视我们的一系列的周期成分之间的关系。该研究期间为 1996 年 1 月—2008 年 6 月。研究结果表明，从长远来看，周期成分股的分析表明，石油价格对股市产生了显著的负面影响。

Silvennoinen & Thorp（2010）使用 DSTCC - GARCH 模型研究了 1990 年 7 月—2009 年 5 月大宗商品期货、股票、债券市场的条件相关波动率与系数，该模型允许相关系数在极端状态之间通过转换函数平滑。预期股价波幅（VIX）和基金经理在期货市场持仓量是相关的转换变量。结果表明，商品期货和股票之间的协整关系越来越强：可以用共同的因素如金融交易者的头寸预测商品期货的波动，从 20 世纪 90 年代后期开始，商品期货与股票市场的相关性系数越来越高，许多序列显示条件相关系数存在结构性突变。

Li, Zhang & Du（2012）认为，近期大宗商品与股票的相关系数处于高位只会是暂时的，在两个方面区分自己与以往的研究：它研究大宗商品与股票相关系数的长期趋势与短期波动，在整个过去十年中，大宗商品与股票市场的相关系数，45 个中有 32 个显示一个向上的长期趋势，43 个显示最近的金融/经济危机期间大幅上升。当股票市场波动率增加时，39 个条件相关系数迈向或高于其长期趋势。研究结果构成了令人信服的证据表明，商品期货多元化好处衰减是长期和全球性现象。

Creti, Joëts & Mignon（2013）研究了 2001 年 1 月至 2011 年 11 月 25 种大宗商品和股票收益率之间的关系，尤其关注能源原材料市场。依托动态条件相关（DCC）GARCH 模型，实证发现自 2007—2008 年金融危机以来大宗商品与股票市场相关系数的波动性非常高，后者起了关键作用，强调商品和股市之间的联系，并强调大宗商品市场金融化。某些特殊时间段，石油、咖啡和可可的炒作现象十分突出，而黄金明显起到了避险作用。

Silvennoinen & Thorp（2013）认为投资者对大宗商品市场可能会产生类似传统资产市场一样的兴趣，他们采用双层平稳过渡条件的相关性（DSTCC - GARCH）模型估计由可观测的金融变量与时间驱动的股票、债券、大宗商品收益率相关系数的突发性与渐进性，最开始的相关性在 20 世纪 90 年代几乎为零，联动性进一步加强出现在 21 世纪初，并且在最近的金融危机期间达到顶峰。对横跨股票、债券、大宗商品市场的投资者来说，多元化的好处显著降低。波动率指数增加和金融交易者的做空提高了大宗商品的波动率，较高的波动率指数增加了商品与股票回报率相关性系数的 50％。

近年来国际市场上对大宗商品的风险分散功能越来越质疑，或者说商品期货多元化好处衰减。然而，由于各种特殊原因以及资本账户管制，中国股票市场走势较为独立。一价定律的存在，使得商品期货全球一致性程度显著高于股票市场。大宗商品的风险分散功能衰减现象在中国市场是否也存在，值得进一步研究与探讨。

2.3.2 大宗商品波动溢出效应

学术界关于波动溢出效应主要集中在股票市场与债券市场、期货与现货市场，专门研究大宗商品与股票、债券市场之间波动溢出效应的文献相对少一些，已有的相关文献大致分为两类：一类是大宗商品与大宗商品之间的波动溢出效应，譬如有色金属、农产品期货国内、国外市场之间的溢出关系与方向；另一类是大宗商品与股票市场、债券市场的大类资产之间的波动溢出效应。

针对国内外大宗商品的波动溢出效应，国内学者如华仁海等进行了一系列深入的实证研究，华仁海，刘庆富（2007）构建双参数 AR-EGARCH（t）模型，利用日间数据对国内外期货市场铜、铝、大豆、豆粕、小麦期货价格的波动溢出效应进行了实证研究。研究结果表明：同类商品国内外期货价格以及波动性之间存在联系紧密，与铝、豆粕和小麦市场相比，铜和大豆的国内外期货价格之间和波动性之间的联系更为紧密；对铜、铝、大豆、豆粕来说，国际期货市场的影响力明显大于国内期货市场；但就小麦而言，国际市场的价格波动对国内市场的影响较弱，而国内市场的价格波动对国外市场的影响却较强。

刘庆富，张金清，华仁海（2008）利用双变量 EGARCH 模型和日内信息传递速度模型，试图对国内外金属期货市场的信息传递效应和信息传递速度进行实证研究。研究发现：伦敦金属交易所与上海期货交易所之间的铜期货市场存在相互引导与相互影响，而铝金属期货市场存在双向的价格引导关系，但并不存在显著的波动溢出关系；同时，伦敦金属交易所与上海期货交易所之间的价格信息传递均是迅速的，一个市场的交易信息可以在日内被另一市场吸收；并且，无论在价格引导、波动溢出力度上，还是在信息传递速度上，伦敦金属交易所均比上海期货交易所影响力更强，仍在信息传递中居于主导地位。

崔海蓉，何建敏，张京波（2011）认为大宗商品市场中波动溢出效

大宗商品金融化的影响研究

应研究对资产组合配置、风险防范以及相关政策制定具有重要意义。他们以上海期货交易所（SHFE）的期铜和期铝为例，运用多变量GARCH-BEKK模型研究中国有色金属期货之间的波动溢出关系，并分别在标准残差服从正态分布和学生 t-分布假设下，进行模型拟合效果检验。实证结果表明沪铜和沪铝收益率序列存在显著的条件异方差特征，两者之间存在较强的双向波动溢出效应，t-分布假设下 GARCH-BEKK 模型拟合效果更好。

常丽娟，刘德运，许燕红（2011）运用 ARCH 模型分析了 2006 年 10 月 31 日到 2010 年 12 月 31 日黄金与白银收益率的波动性、波动的非对称性及其波动溢出效应。结果显示：两种贵金属均具有显著的方差时变性及消息对波动冲击的持久性，且白银的整体波动性大于黄金；GARCH（1，1）模型能够很好地消除其 ARCH 效应；两种贵金属均存在明显的非对称性，且都是利好消息引起的波动大于同等利空消息引起的波动；两种贵金属存在相互影响的双向波动溢出效应，但黄金对白银影响大于白银对黄金的影响。

吴海霞，王静（2012）运用 BEKK-GARCH 模型，对小麦、玉米、大豆批发市场价格指数进行实证发现：价格具有显著结构异化和集聚性，不同时期，三个市场之间的波动溢出效应与方向不一，具体而言：在双轨制条件下，粮食市场间存在小麦市场与玉米市场间的双向波动溢出效应和小麦市场到大豆市场、玉米市场到大豆市场的单向波动溢出效应；在市场化条件下，粮食市场间存在玉米市场与大豆市场间的双向波动溢出效应和小麦市场到玉米市场、大豆市场到小麦市场的单向波动溢出效应。

Barrera，Mallory & Garcia（2012）分析了美国原油使用期货价格近期的波动溢出效应。原油溢出到玉米和乙醇的市场是在时间和幅度有几分相似，但对乙醇市场略强一些。原油市场引起的玉米和乙醇价格波动一般都在 10%—20%，但金融危机期间由于世界石油需求发生了巨大变化，这一比例高达近 45%。玉米对乙醇市场亦存在波动溢出效应，反之则不成立。

施亚明，何建敏（2013）认为金融市场间价格波动溢出效应具有时变性和动态性的特点，采用双变量 BEKK 模型研究了 CBOT 与 DCE 两个交易所农产品期货市场间时变波动溢出效应发现：农产品期货的波动均显著地受到自身前期波动的影响，波动具有聚集性和持久性；CBOT

与 DCE 的玉米期货不存在波动溢出效应，但是 CBOT 与 DCE 的大豆、豆粕期货之间均存在双向的波动溢出效应。

事实上，除了商品之间的波动溢出效应，对于大类资产配置而言，商品市场与股票、债券之间的信息传递及波动溢出效应同样值得研究。

刘冠国（2013）选取上海黄金交易所的黄金现货 AU9995 和上证指数为对象进行实证研究发现：两个市场收益率之间存在显著的双向波动溢出效应，与美国成熟市场相比存在显著差异，其根源在于国内黄金市场不够成熟、定价机制不够完善，需要进一步完善黄金市场交易机制、确定合适的投资者标准、扩大市场交易量等。

曹雷（2010）以美国 1 个月商业票据收益率代表债券市场、S &P500 指数代表股票市场，CRB 指数代表大宗商品，运用协整、误差修正模型以及格兰杰因果检验探讨了大宗商品、股票市场与债券市场之间的关系发现：债券对股票互有因果关系；股票对商品有因果关系，商品对股票却无因果关系；商品和债券彼此间无因果关系。

倪禾，俞露（2012）基于 BEKK－GARCH 模型，考察了国内贵金属市场与股票市场的动态相关性发现，长期来看黄金不具有明显的避险能力；短期来看黄金具有一定的避险能力，而且短期避险能力从 2003 年至 2011 年呈现显著加强的趋势。

Thuraisamy，Sharma & Ahmed（2012）测试了亚洲股市和两个最主要的商品即原油和黄金期货的波动性溢出效应，样本包括 14 个亚洲市场。在成熟资本市场如日本市场波动性的冲击，波及了原油和黄金期货市场，而不成熟的市场往往是从商品期货溢出到资本市场，在全球金融危机期间存在增加双向波动溢出效应，就像原油期货、黄金期货的波动性溢出到股市。就股市波动而言，来自黄金期货的波动冲击与来自原油期货市场的波动冲击一样重要。

Grosche（2013）运用 SVAR 模型分析了美国市场上大豆、玉米、小麦、原油与股票、不动产、固定收益市场的波动溢出效应，研究表明金融危机期间波动率溢出效应总体上明显增大，来自股票与不动产市场的波动溢出效应在危机显著增加，除大豆外，在次贷危机期间及之后，大宗商品是波动溢出效应的净接受者；金融危机期间大宗商品与金融市场联动性进一步增强，大豆－玉米以及大豆－小麦市场的波动溢出效应存在结构性突变，大豆市场是波动溢出效应的净输送者。

Mensi，Beljid，Boubaker & Manag（2013）采用 VAR－GARCH

模型来研究 S & P500 指数和包含能源；食品，黄金和饮料在内的大宗商品价格指数的波动溢出效应，时间跨度是 2000—2011 年，了解大宗商品的价格行为以及这些市场之间的波动溢出效应机制对政府、交易员、组合投资经理、消费者和生产商每一个参与者来说至关重要。实证结果显示：S & P500 指数和大宗商品市场之间存在显著的波动溢出效应。S & P500 指数过去的冲击和波动极大地影响了石油和黄金市场。这项研究发现，S & P500 指数与黄金、WTI 原油指数相关系数最高。

Aboura & Chevallier（2014）介绍了将"波动惊喜"的外生变量加入非对称 DDC 模型的 ADCCX 框架，用以评估金融市场与大宗商品之间的内在联系。该计量模型可以获得 1983—2013 年大宗商品与股票、债券和货币之间的关系，该模型的创新特点是，模型中波动溢出效应与 ADCCX 的相关系数具有一致性。证据表明大宗商品与金融市场的收益率的波动溢出效应确实存在，他们对彼此的影响也是客观的。

上述学者要么是从局部分析了商品之间的波动溢出效应，要么以美国市场为例，分析股票、债券与大宗商品市场之间的波动溢出效应，但很少全面细致分析中国大宗商品期货之间、大宗商品期货与其他大类资产之间是否存在波动溢出效应。大宗商品金融化是否会导致不同资产之间的风险传染以及信息扩散，监管层又该如何应对等一系列问题值得深入研究。

第三章

大宗商品金融化的市场表现

3.1 大宗商品金融化的定义

什么是大宗商品金融化？国外学者们对金融化做了大量研究，有关金融化的定义比较散乱，有必要对"大宗商品金融化"的概念做一个准确界定。

金融化的主要特征表现为：资产证券化、财富再分配、债权交易性、金融衍生交易规模爆发式增长以及实体经济对金融工具的依赖性逐步增强。梳理国内外有关金融化的定义，不难发现大致分为两个方面，从广义来看，金融化是指金融动机、金融市场、金融参与者和金融机构在国内和国际经济运作中的影响力不断增强。从狭义来看指某一商品标的价格或交易的金融化。宏观经济金融化一直为宏观经济学家所关注，大宗商品金融化的话题讨论则是最近几年才开始热烈。

本章以价格或交易金融化为讨论范畴，认为大宗商品金融化是指拥有信息优势的金融资本在大宗商品期货市场影响力越来越大，通过投机、资产配置等方式参与大宗商品期货市场，进而影响商品价格形成机制的过程，表现为不同板块大宗商品价格联动增强、波动幅度加大，价格并非总是供需基本面的真实反映。与金融属性对应的是商品属性，价格通常由现货市场供求状况决定。由于大宗商品期货与现货高度相关，为了简化处理，本书所提到的大宗商品均指大宗商品期货，隐含了期货价格与现货价格波动一致性的假设，即忽略基差变动的影响。

3.2 金融化程度的宏观衡量：中国与美国比较分析

从现有文献来看，对金融化的研究大多是定性描述，很难定量其金融化程度。部分学者运用计量工具从期现价格联动、市场受到系统性风险冲击、换手率等角度来计算金融化程度。然而，由于欧美发达国家与新兴经济体投资者结构、监管政策存在巨大差异，得出的结论往往比较片面。大宗商品是否出现金融化，核心是需要看期货市场相对于实体经济而言，是否存在过度交易，价格严重偏离其基本面，以及投机成交量、成交金额在市场总成交量、成交金额中的占比是否偏高。

考虑到美国、英国期货市场发展较早且较完善，本章的研究对象涵盖纽约、芝加哥、伦敦三大全球金融市场中心。需要提到的一个细节是，英国 LME 市场主要以金属期货品种为主，占据了全球铜、铝、锌等有色金属的定价权，但由于其未对市场套保与投机持仓进行详细分类，2014 年 8 月 5 日伦敦金属交易所（LME）公布了基本金属的多空持仓头寸，包括铜、铝以及其他基本金属。由于伦敦金属市场历史持仓数据缺乏，本章主要针对美国市场情况、投资者结构进行分析，而在其他指标方面的比较，则包含了英国。具体而言，选取中国、美国、英国均已上市、具有代表性的期货品种作为研究对象，分别考察十个主要品种的期货成交量与现货产量比、成交持仓比，以及农产品市场的库存消费比与价格之间的关系、中美两个市场的投资者结构差异，全方位了解不同市场之间的金融化程度。

成交量与持仓量之比，类似于股票市场中的换手率，可以用来描述期货市场中的投机程度。从成交量与持仓量之比看，如表 3.1 所示，2008 年至 2011 年大部分品种达到历史峰值，中国市场成交持仓比整体高于欧美成熟市场，最为明显的品种是豆油、白糖，意味着中国大宗商品市场投机程度整体高于欧美，以规避风险为目的的产业资本介入深度不够。

成交量与产量之比，可以用来描述期货市场的深度，相对于实体经济的产量，成交量越大意味着期货市场金融化程度越深。从成交量与产量比来看，如表 3.2 所示，欧美市场往往是几千倍甚至上万倍，中国市场大部分时间大部分品种不到 100 倍，说明大宗商品期货市场深度远远不够。中国多数品种成交量已居世界前列，相对于实体经济而言，成交量仍有很大的成长空间。

商品期货价格与现货供需基本面的相关系数大小与方向反映了两者之间的关系，通常来说，相关系数越高，说明两者关系越大。从供需基本面与价格的关系来看，由于工业品需求数据难以准确获得，为了研究供需基本面与期货价格之间的关系，本节选取供需数据较为齐备的农产品进行比较。在不考虑宏观变量的情况下，用库存消费比代表农产品的供需基本面，库存消费比偏高，说明供大于求，对应的期货价格偏低，库存消费比的变动与商品价格的变动呈负向关系，反之则反。表3.3中数据显示，中国大豆、白糖期货价格与库存消费比相关系数为正，而美国只有豆油价格与库存消费比的相关系数为正，其他系数均为负，除豆油外，美国农产品相关系数绝对值总体大于中国农产品，即美国农产品期货价格更容易反映供需基本面。

从投资者结构看，如表3.5、表3.6所示，1993年美国市场报告头寸达到了60%—80%，2014年更是达到了90%，说明最近二十年机构投资者占比显著上升。按板块看，1993年美国期货市场农产品非报告头寸占比偏高，基本在30%以上，而在2009年，这一比例下降到平均11%左右，意味着农产品期货投资者基本上转为机构投资者为主，这一变化与美国农业快速发展的金融支持有关，从以往较少量大型农场主参与期货市场进行套期保值，发展到目前中小农场主要农产品贸易公司间接参与套保，提高了农产品市场套期保值集中度。工业品数据显示，1993年以来，机构投资者占比就比较高，报告头寸占比70%—80%，报告头寸普遍高于农产品，报告头寸中大多以套期保值交易方式出现。反观中国大宗商品期货市场，如表3.4所示，2009年到2012年，中国法人客户数量在2009—2012年不到4%、成交量与成交金额占比不到10%，年末持仓量占比不到50%，仍然是一个以中小散户为主导的市场，但这种情况正在发生变化。

2011年以来，随着中国监管层对金融机构的资产管理、自营业务管制的渐次放松，资产管理业务进入竞争、创新和混业经营时代，形成了理财产品、信托计划、特定和专项资产管理计划、私人银行财富管理、第三方财富管理等多元产品的格局。根据中国期货保证金监控中心发布的数据，2013年国内期货市场有效客户约80万户，虽然其中绝大多数是自然人客户，但法人客户持仓占比达40%。以期货私募为例，2013年，期货资管网跟踪统计的期货私募团队共45家，管理规模已超过300亿元，占期货市场总权益的15%。有一点值得注意的是，为了避税，很多产业客户、私募基金通常以自然人身份开户，并未统计在法人客户之列。最近几年，随着量化投资、程序化交易、宏观对冲基金的兴起，中国大宗商品期货市场金融投资者所掌握的权益可能超过40%，成为一支不可忽视的力量。

对比中国、欧美国家的期货市场，不同指标显示中国与欧美市场的金融化程度存在显著差异。

从成交量与现货产量比来看，欧美国家的期货市场深度远远强于中国。欧美投资者中机构投资者占比越来越大，包括养老基金、保险基金、共同基金、封闭基金、信托基金、对冲基金都可以参与大宗商品期货、期权市场。20世纪70年代以前，美国监管层管制较严，很少有机构投资者参与大宗商品期货市场。随着金融衍生品的不断创新，机构投资者面临越来越大价格波动风险，为了降低投资风险，增加投资收益，机构投资者开始逐渐进入大宗商品期货市场，尤其是近年来商品指数基金的兴起，使得期货成交量远远高于现货产量。由于管制的原因，中国大量国有金融机构、产业客户尚未参与商品期货市场。

从成交量与持仓比、价格与基本面一致性以及投资者结构来看，中国市场的投机程度远远高于欧美市场，由于中国期货市场起步较晚，以散户为主的投资群体并不成熟，投机资金的进入大大增强了期货市场的流动性，但同时又会加剧期货市场价格波动的幅度与频率，给商品价格增添一层金融属性。

目前大宗商品正处于熊市周期，国际投行正在加大商品市场的去杠杆，对于金融化的探讨似乎有点不合时宜。2008年金融危机的爆发引起了美国、英国和欧盟等各发达国家和地区对场外衍生品监管问题的高度重视，致力于把风险控制在可控的范围之内。2010年7月15日，美国参议院以60票赞成、39票反对的结果通过了最终版本金融监管改革法案，即多德-弗兰克法案，该法案限制投资银行自营交易及高风险的衍生品交易。在监管趋紧、新的资本约束，以及石油和其它大宗商品价格缓慢下跌的背景下，衍生品交易利润率降低。从2013年开始，美国开始考虑退出量化宽松政策，以摩根大通、高盛、巴克莱为首的投资银行开始撤离大宗商品实物交易，掀起一股"去金融化"的浪潮。然而，中国大宗商品期货市场恰恰相反，由于起步较晚以及管制原因，大量的金融资本并未涉足商品期货市场。与欧美成熟市场相比，中国商品市场机构投资者比例、市场深度远远不够。随着监管层对券商、期货公司、国企参与商品期货市场的管制放松，期货市场的权益总额不断攀升，研究中国大宗商品期货市场的金融化程度恰逢其时，借助金融时间序列模型分析不同时间阶段各个板块中大宗商品在"羊群效应"，以及股票市场对大宗商品市场冲击方面的差异，具有较强的现实意义。

表 3.1　中国与英美主要期货品种成交量与持仓量之比

	大豆		豆粕		豆油		棉花		白糖		铜		铝		锌		黄金		白银	
	中	美	中	美	中	美	中	美	中	美	中	英	中	英	中	英	中	美	中	美
12/29/2000	61	75	106	56		40		38		43	48	96	45					65		83
12/31/2001	98	76	288	46		42		39		33	52	84	58	37		40		71		42
12/31/2002	100	71	285	52		49		30		30	49	84	58	62		60		37		40
12/31/2003	343	70	222	35		36		34		36	58	82	48	64		515		25		40
12/30/2004	273	78	582	57		49	103	38		28	135	90	182	55		18		54		52
12/30/2005	205	70	288	58		42	290	36		26	234	78	54	62		67		55		43
12/29/2006	49	48	198	44	533	32	50	26	395	30	139	76	181	60		78		51		56
12/31/2007	141	54	234	54	227	23	62	19	147	20	178	75	112	49	348	59		49		46
12/31/2008	620	76	808	59	555	44	187	35	778	36	121	79	135	51	369	53		124		100
12/31/2009	251	50	198	44	264	46	46	18	221	32	536	75	116	55	250	53	168	69		63
12/31/2010	163	52	244	60	356	47	525	26	1053	51	272	78	145	52	729	63	67	83		98
12/30/2011	105	90	119	77	190	76	1045	32	284	47	228	100	80	50	287	66	86	125		211
12/30/2012	212	87	401	77	185	82	158	34	395	38	302	124	47	76	188	81	141	105		104
12/31/2013	107	76	194	72	171	68	119	36	163	38	248	125	31	75	105	82	106	128	178	116

数据来源：文华财经

表 3.2　中国与美国主要期货品种成交量与产量之比

	大豆		豆粕		豆油		棉花		白糖		铜		铝		锌		黄金		白银	
	中	美	中	美	中	美	中	美	中	美	中	美	中	美	中	美	中	美	中	美
2002	16	5103	5	73		4614		7848	0	5491		5491						99		17397
2003	73	6555	14	81		4640	1	10335	0	6085	64	6085	4					99		22005
2004	4	7561	1	92		5225	4	12991	0	5278	104	5278	10					262		26599
2005	46	6475	31	81		4803	1	16794	0	5236	49	5236	3	4296		4769		246		29321
2006	11	6253	23	84	34	5048	1	21529	10	4976	18	4976	15	4802	0	5147		272		30041
2007	63	9402	45	62	41	4155	1	23311	16	5201	47	5201	4	4432	27	4910		497		36318
2008	179	8011	52	34	127	5533	2	26333	59	5393	56	5393	11	4539	60	4888	15	757		46134
2009	55	7189	96	37	259	6390	27	35159	52	5530	191	5530	16	5150	73	5602	11	687		44354
2010	50	9652	65	56	210	10793	23	40738	108	6720	111	6720	11	4574	278	5954	11	1008		73676
2011	17	12400	12	77	59	13872	3	31997	23	7201	47	7201	3	5351	50	6822	10	1328		115657
2012	31	15648	67	82	63	15936	1	36871	26	7610	47	7610	1	5440	22	9987	8	1466	24	80372
2013	8	14789	52	97	83	14104	1	39208	12	8496	47	8496	1	5536	11	10065	25	1355	188	112831

数据来源：文华财经、Bloomberg、Wind

注：所有成交量与产量均已换算成同一单位后进行比较。

表 3.3　中国与美国农产品期货价格与库存消费比相关系数

	大豆	豆油	棉花	白糖
中国	0.31	−0.34	−0.11	0.17
美国	−0.35	0.27	−0.12	−0.51

数据来源：USDA、文华财经、作者整理

注：1996—2014 年度数据加工整理而成，价格取年末最后一天的平均值。

表 3.4　2009—2012 年中国期货市场投资者结构

	法人客户数占比	法人客户成交量占比	法人客户成交额占比	法人客户年末持仓量占比
2009	3.12%	8.69%	9.10%	47.87%
2010	2.92%	8.41%	6.99%	48.26%
2011	2.89%	10.29%	8.01%	46.74%
2012	2.77%	9.29%	7.20%	35.93%

数据来源：中国期货保证金监控中心

注：从 2012 年 7 月起，客户数量只统计有效客户数，不统计全市场客户数量。

表 3.5　1993 年美国期货市场投资者结构

	非商业多头占多头总持仓比	非商业空头占空头总持仓比	套利头寸占多头总持仓比	商业多头占多头总持仓比	商业空头占空头总持仓比	报告多头占多头总持仓比	报告空头占空头总持仓比	非报告多头占多头总持仓比	非报告空头占空头总持仓比
大豆	48%	4%	13%	39%	86%	58%	72%	42%	28%
豆粕	26%	4%	13%	62%	87%	57%	77%	43%	23%
豆油	47%	3%	18%	35%	85%	55%	78%	45%	22%
白糖	20%	3%	1%	78%	96%	57%	76%	43%	24%
棉花	43%	6%	6%	51%	89%	69%	82%	31%	18%
铜	35%	8%	1%	64%	91%	60%	80%	40%	20%
黄金	51%	6%	12%	38%	85%	67%	84%	33%	16%
白银	46%	3%	20%	34%	82%	66%	88%	34%	12%
平均	39%	5%	10%	50%	88%	61%	80%	39%	20%

数据来源：CFTC 报告 1993 年 12 月 28 日数据、作者整理

表 3.6　2014 年美国期货市场投资者结构

	非商业多头占多头总持仓比	非商业空头占空头总持仓比	套利头寸占多头总持仓比	商业多头占多头总持仓比	商业空头占空头总持仓比	报告多头占多头总持仓比	报告空头占空头总持仓比	非报告多头占多头总持仓比	非报告空头占空头总持仓比
大豆	32%	38%	13%	55%	47%	93%	82%	7%	18%
豆粕	36%	20%	13%	52%	68%	86%	90%	14%	10%
豆油	39%	33%	11%	50%	55%	89%	88%	11%	12%
白糖	33%	28%	17%	50%	55%	93%	91%	7%	9%
棉花	36%	43%	8%	55%	48%	92%	90%	8%	10%
铜	40%	35%	12%	48%	52%	91%	90%	9%	10%
黄金	55%	16%	7%	38%	77%	90%	92%	10%	8%
白银	41%	14%	18%	40%	70%	83%	92%	17%	8%
平均	39%	28%	13%	49%	59%	90%	89%	10%	11%

数据来源：CFTC 报告 2014 年 8 月 5 日数据、作者整理

3.3　中国大宗商品金融化的微观表现

3.3.1　引言

国际大宗商品价格经历了 2004 年以来的大幅上涨以及 2008 年金融危机期间的大幅下滑，继而在欧美一系列量化刺激政策后企稳反弹，随后又爆发了欧债危机、美债危机。2011 年以中国为首的新兴经济体经济增速开始放缓，国际大宗商品再次开始进入熊市周期。由于全球贸易一体化，中国大宗商品期货市场同样经历了类似的波动。作为最为重要的资产类别和套期保值工具之一，大宗商品期货越来越被机构投资者、产业客户认可。2010 年以来中国证监会先后放松了券商资产自营、基金专户在商品期货投资领域的限制；2012 年证监会放开了期货资产管理业务，机构投资者比例不断上升，量化投资、程序化交易、宏观对冲等多样化交易策略使大宗商品价格形成机制更为复杂，呈现出非线性、动态性以及结构异化等特征。[①]

---

① 此处观点引用了韩立岩，尹力博的观点，详见：投资行为还是实际需求？——国际大宗商品价格影响因素的广义视角分析 [J]．经济研究，2012，(12)：83—96。

截至 2014 年 8 月，中国三大交易所已经上市了 44 个大宗商品期货品种，从上游到下游形成了较为完整的产业链，同时也蕴含着丰富的交易机会，在金融投资者比例逐步提高的背景下，有必要从微观层面详细探讨大宗商品金融化的表现。具体而言，中国期货市场是否具有"羊群效应"？股票市场对大宗商品市场冲击是否显著？农产品、化工板块、有色金属、贵金属、煤焦钢有着不同的基本面，面对外部冲击时，是否存在显著的风险联动以及相关性？为试图回答上述问题，本章借鉴了 Chang et al（2000）、Demirer et al（2013）的模型，做了大量的时间序列实证分析。为了比较不同时间段的特征，本章还详细分析了 2004 年、2008 年前后大宗商品的"羊群效应"以及金融化进程中存在的结构异化。

3.3.2 数据与方法

1. 数据

本章大宗商品期货数据由 18 个品种组成，覆盖上海期货交易所、大连商品交易所、郑州商品交易所主要活跃品种，包括贵金属（黄金、白银）、有色金属（铜、铝、锌）、化工（橡胶、PTA、LLDPE、PVC）、煤焦钢（焦煤、焦炭、螺纹钢）、农产品（大豆、豆粕、豆油、棕榈油、白糖、棉花）。为方便研究，有色板块、化工板块、农产品板块指数来自文华财经，其他指数均经过加工处理获得。由于国内黄金、白银期货上市较晚，内外价格相关性很高，贵金属指数采用伦敦现货金、银价格替代计算各自指数并加权而成。煤焦钢板块按成交金额加权计算获得；A 股指数 2004 年 12 月 31 日以前采用上证指数、深圳成指收益率加权而成，2004 年 12 月 31 日以后采用沪深 300 指数，再通过平滑处理获得综合指数。除煤焦钢指数外，所有指数时间跨度从 2000 年 1 月 4 日到 2014 年 8 月 5 日。

2. 方法

我们使用 Chang et al（2000）提出的一个方法来检测金融市场中的羊群行为，其测试方法集中在单个资产与具有相似特征和走势的资产组合之间的收益率之间的关系，收益率差量 CSAD 通常用横截面收益率的绝对偏差来测量：

$$CSAD_t = \frac{1}{N} \sum_{i=1}^{N} |R_{i,t} - R_{m,t}| \tag{3.1}$$

N 代表的是组合中资产的数量，$R_{i,t}$ 是资产 i 在 t 天的收益率，$R_{m,t}$ 是组合 m 在 t 天的收益率。Bikhchandani & Sharma（2001）认为，从

众行为更可能会发生在同类资产上，投资者面临类似的决策问题，可以观察其他投资者的交易行为。因此，我们选取了中国大宗商品期货中18个最活跃的品种作为研究对象，并分成五个板块。

模型（3.1）的收益率差量可以代表个人资产收益率在市场中的回报。从一个有效市场的角度来看，投资组合中各资产对市场冲击的敏感性不同，预期收益率差量会随着与市场收益率的绝对值增加而增加。然而，Chang（2000）等人认为，羊群行为的存在将会导致资产收益不脱离整体市场收益。换句话说，相关行动的交易者放弃了自己的投资理念，仅仅以市场的集体行动作为决策基础，将导致资产收益率表现出更大的方向相似性，从而导致较低的商品期货组合中的收益率差量。因为这种投资行为将更可能发生在市场价格巨幅波动期间，Chang 等人（2000）提出了一种测试方法：基于收益率差值与市场收益率之间一般性的二次的关系以检测羊群行为。在这项研究中，我们将借助 Chang 等人（2000）的模型，该模型用时间序列来估计商品板块 K 的"羊群效应"

$$CSAD_{k,t} = \alpha_0 + \alpha_1 |R_{k,t}| + \alpha_2 R_{k,t}^2 + e_t \tag{3.2}$$

$CSAD_{k,t}$ 是在商品板块 K 中期货合约的横截面绝对收益率差值，$R_{k,t}$ 是商品板块 K 在 t 天的收益率，根据这种测试方法，当价格大幅波动时，"羊群效应"的结果是 CSAD 会表现更小，即 α_2 为负并在统计上显著。

模型（3.2）假定参数为常数，随着时间的推移，该模型忽略了可能发生的结构突变。为了改变这种情况，我们根据大宗商品波动区间以及大宗商品的联动情况，分别以 2004 年 1 月 1 日、2008 年 1 月 1 日作为临界点，临界点之前的区间为 $S_t = 1$，临界点之后的区间为 $S_t = 2$。

$$CSAD_{k,t} = \alpha_{0,st} + \alpha_{1,st} |R_{k,t}| + \alpha_{2,st} R_{k,t}^2 + e_t \tag{3.3}$$

如果羊群行为确实存在临界点之后的区间，即 $S_t = 2$ 时，$\alpha_{2,2}$ 显著为负，$\alpha_{2,1}$ 不显著。另一方面，如果金融化是驱动大宗商品价格波动率的重要因子，来自股票市场的冲击将会影响商品市场的"羊群效应"，将金融化简化为股票市场对大宗商品市场的冲击。金融投资者将资产配置在股票与大宗商品市场上会导致两者之间的联动，因此将模型（3.3）修改为：

$$CSAD_{k,t} = \alpha_{0,st} + \alpha_{1,st} |R_{k,t}| + \alpha_{2,st} R_{k,t}^2 + \alpha_{3,st} R_{hs,t}^2 + e_{t,st} \tag{3.4}$$

其中，$R_{hs,t}$ 指的是沪深 300 指数收益率，这个模型中，如果 α_{3,s_t} 显著为负，意味着在 S 状态下，股票市场冲击对与对商品板块 K 的羊群行为贡献非常明显。

借用 Kyle & Xiong（2001），Tyner（2010），Alghalith（2010），Du 等（2011）、Sari（2012）文献中的观点：有关商品板块之间的因果与溢出效应，尤其是能源与农产品板块中更为明显，相似投资群体的羊群行为会体现在不同的商品板块中，因此不同板块之间的羊群行为要么看成商品回报率的一般风险因子，要么看成溢出效应。根据大宗商品金融化的假设，处于压力时期的金融投资者在不同商品板块之间的相关交易行为会导致不同板块之间"羊群效应"，因此，可以将跨板块的"羊群效应"模型修改为：

$$CSAD_{k,t} = \alpha_{0,s_t} + \alpha_{1,s_t}|R_{k,t}| + \alpha_{2,s_t}R_{k,t}^2 + \alpha_{3,s_t}CSAD_{j,t}$$
$$+ \alpha_{4,s_t}R_{j,t}^2 + e_{t,s_t} \tag{3.5}$$

$CSAD_{j,t}$ 与 $R_{j,t}$ 指跨板块横截面收益率绝对偏差以及商品板块 j 在第 t 天的收益率。在这个模型中，如果 α_{4,s_t} 显著为负，意味着在 S 状态下，商品板块 K 与商品板块 j 具有羊群行为。类似的，如果 α_{3,s_t} 显著为正，意味着商品板块之间的风险联动，外部因素对板块 j 的冲击与对板块 K 的冲击容易具有相关性。

2004 年以后大宗商品之间的联动越来越强，尤其在 2008 年金融危机中表现更为明显，金融投资者的交易活动是否导致了大宗商品金融化仍然存在争议，为了检验金融化在"羊群效应"中所起的作用，将模型（3.4）修改为：

$$CSAD_{k,t} = \alpha_{0,s_t} + \alpha_{1,s_t}|R_{k,t}| + \alpha_{2,s_t}R_{k,t}^2 + \delta_{1,s_t}D_{k,t}R_{k,t}^2 + e_{t,s_t} \tag{3.6}$$

$D_{k,t}$ 等于 1 分别代表 2004 年 1 月 1 日以后、2008 年 1 月 1 日以后的虚拟变量，如果 $\alpha_{2,s} + \delta_{1,s}$ 显著并且为负，意味着"羊群效应"仅仅在 2004 年之后或 2008 年以后才发生，类似的，我们将模型（3.6）修改为：

$$CSAD_{k,t} = \alpha_{0,s_t} + \alpha_{1,s_t}|R_{k,t}| + \alpha_{2,s_t}R_{k,t}^2 + \delta_{1,s_t}D_{k,t}R_{k,t}^2 + \alpha_{3,s_t}R_{hs,t}^2$$
$$+ \delta_{2,s_t}D_{k,t}R_{hs,t}^2 + e_{t,s_t} \tag{3.7}$$

3.3.3　统计描述

表 3.7 中面板 A 呈现了大宗商品以及各板块指数日收益率以及横截面收益率的绝对偏差 CSAD。除煤焦钢外，所有的板块均取得了正的

平均收益，贵金属平均收益最高，为 0.052％，有色金属与贵金属收益率波动表现最不稳定，所有的板块收益率左偏，贵金属呈现更大的峰度以及波动率。面板 B 显示有色金属收益率差分最高，而贵金属、农产品收益率差分偏低，意味着有色金属遭受非预期冲击最大。贵金属、农产品走势具有高度一致，通常来说走势一致的板块更容易进行交叉套期保值。

表 3.7　指数日收益率与收益率差量的统计性描述

	大宗商品	农产品	化工	煤焦钢	有色金属	贵金属
A：指数收益率						
平均值（％）	0.016	0.018	0.021	−0.023	0.020	0.052
中位数（％）	0.025	0.025	0.040	0.020	0.040	0.080
最大值（％）	3.780	4.600	5.150	9.580	5.770	12.960
最小值（％）	−5.030	−4.960	−7.110	−7.030	−7.330	−12.130
标准差．（％）	0.835	0.881	1.238	1.025	1.265	1.502
偏度	−0.436	−0.219	−0.393	−0.047	−0.282	−0.668
峰度	6.173	6.261	5.697	12.704	5.629	10.605
	大宗商品	农产品	化工	煤焦钢	有色金属	贵金属
B：横截面收益差（CSDA）						
平均值（％）	0.841	0.576	0.707	0.835	1.196	0.479
中位数（％）	0.730	0.480	0.550	0.600	0.830	0.330
最大值（％）	5.180	4.530	5.100	9.870	8.680	10.700
最小值（％）	0.000	0.000	0.000	0.000	0.000	0.000
标准差．（％）	0.504	0.417	0.588	0.772	1.147	0.567
偏度	1.825	2.238	1.929	3.260	2.083	5.642
峰度	9.205	13.376	8.926	24.491	8.586	70.134

注：收益率差量根据方程 1 中计算获得，煤焦钢期货在未上市（2009.3.30）之前的数据用零替代。

3.3.4　选择 2004 年、2008 年分别作为分界点的理由

大量学者如 Irwin & Sanders（2012），Tang & Xiong（2012），Steen & Gjolberg（2013）指出由于金融投资者的进入，美国期货市场的持仓量与成交量从 2003 年开始显著放大，Malkowski（2011）提到从 2003

年到 2008 年中旬，机构投资者购买不同种类的大宗商品指数工具价值从 150 亿美元增加到至少 2000 亿美元。在美国市场上，CFTC 非商业基金多头与空头持仓可以看成是投机头寸，与产业资本的套期保值、套利有明显区别。从美国 CFTC 公布的数据来看，2008 年初与 2004 年初相比，豆粕、白糖的非商业基金持仓增长最快且超过 1 倍，但在 2008 年后铜与豆油增长最快。总体来看，除白银外，过去十年大部分期货品种非商业基金持仓实现了平均 6 倍以上的增速，投机资金大量进入商品市场尤其是农产品期货市场。如图 3.1—图 3.4 所示，从 2004 年开始，非商业基金持仓明显增加。

表 3.8　美国期货市场主要品种非商业基金持仓变化

	大豆	豆粕	豆油	白糖	棉花	原油	铜	黄金	白银
2008 年与 2004 年同比	141%	202%	62%	364%	135%	94%	−59%	31%	−16%
2014 年与 2008 年同比	82%	60%	124%	9%	31%	48%	424%	5%	65%
2014 年与 2004 年同比	1038%	1241%	603%	751%	362%	787%	453%	367%	80%

注：数据来源于 CFTC，最新数据截止日是 2014 年 7 月 29 日。

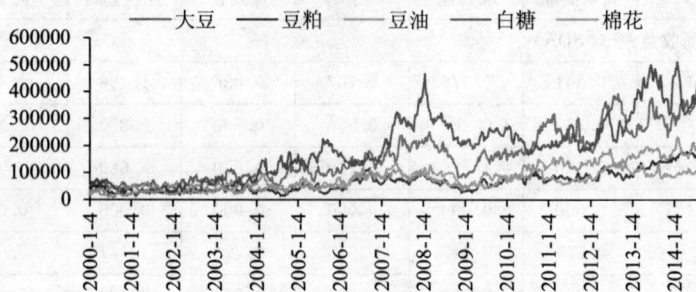

图 3.1　美国农产品期货市场非商业基金持仓变化

　　之所以选择 2008 年作为分界点，是因为 2008 年是大宗商品从暴涨到暴跌的一个拐点年份。2008 年以前，大多数商品处于上升趋势，受 2008 年美国金融危机影响，大宗商品见顶回落。次贷危机从 2007 年 8 月开始，美联储迅速向市场释放流动性，股市也得以在高位维持，市场并未出现恐慌。然而从 2008 年年初开始次贷危机愈演愈烈，2008 年 8 月，美国房贷两大巨头—房利美和房地美股价暴跌，持有"两房"债券

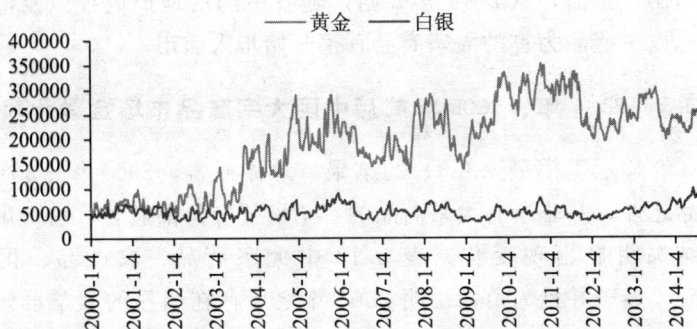

图 3.2 美国贵金属期货市场非商业基金持仓变化

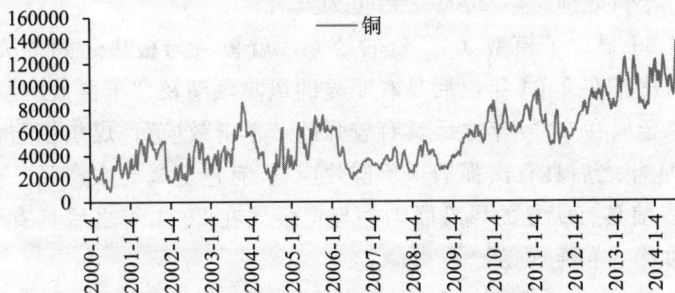

图 3.3 美国铜期货市场非商业基金持仓变化

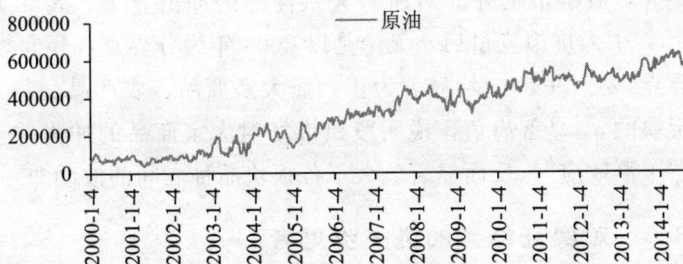

图 3.4 美国原油期货市场非商业基金持仓变化

的金融机构出现大面积亏损，股票市场与大宗商品市场随之暴跌。2009年12月8日全球三大信用评级公司下调希腊主权债务评级。2010年起欧洲其它国家也开始陷入危机，除希腊外，整个欧盟都受到债务危机困扰。为应对次贷危机，2008年11月25日、2010年11月、2012年9月14日以及2012年12月13日，美联储先后四次宣布推出量化宽松政策（Quantitative Easing，QE），欧洲也实施了量化宽松政策，到2014年年底尚未退出。然而，从 2011 年开始，随着中国房地产调控以及经济增速放缓，以工业品为首的大宗商品真正开始步入熊市。

3.3.5 2004 年、2008 年前后中国大宗商品市场金融化表现

表 3.9 显示了模型（3.3）的结果，总体而言，2000 年—2014 年，除农产品之外，并非所有大宗商品的"羊群效应"都显著，引入虚拟变量后，结果明显出现变化。表 3.12 中大宗商品、农产品、化工品 $\alpha_{2,s} + \delta_{1,s}$ 显著并且为负，说明 2004 年之后存在明显的"羊群效应"。表 3.14 中大宗商品、农产品、化工品 $\alpha_{2,s} + \delta_{1,s}$ 显著并且为负，意味着 2008 年之后存在明显的"羊群效应"。整体而言，大宗商品 2008 年以后的"羊群效应"较 2004 之后更为显著。

表 3.11 显示了模型（3.5）的结果，就板块与板块之间的关系看，农产品与化工在 2004 年以后具有明显的风险联动及"羊群效应"，农产品与有色金属在 2004 年之后具有较强的"羊群效应"；煤焦钢与化工板块在 2004 年之后具有次强的"羊群效应"；有色金属与农产品、化工在 2004 年以前具有明显的风险联动，与贵金属在 2004 年之后具有明显的风险联动及"羊群效应"。

表 3.10 显示了模型（3.4）的结果，2004 年以后，股票市场对煤焦钢板块的"羊群效应"冲击较为显著。总体而言，2000 年—2014 年，除煤焦钢外，股票市场并非对所有大宗商品的冲击显著。表 3.13、表 3.15 显示，引入虚拟变量后，无论是以 2004 年为分界点，还是以 2008 年为分界点，$\alpha_{3,s} + \delta_{2,s}$ 均显著为正，而大宗商品、农产品、化工、有色金属板块的 α_3 显著为负，说明股票市场对大宗商品的冲击并未导致其产生"羊群效应"，反而显著放大了各板块品种之间的波动非一致性。

3.3.6 对实证结果的进一步思考

本节假设金融化是驱动大宗商品价格波动的重要因子，来自股票市场的冲击将会影响商品市场的"羊群效应"，将金融化简化为股票市场对大宗商品市场的冲击，根据这一假定得出的实证结果是：大宗商品之间存在明显的风险联动与"羊群效应"，除煤焦钢外，股票市场对其他商品板块"羊群效应"的冲击似乎并不显著，与宏观层面的实证结果产生背离。我们认为原因有二：

第一，相当一部分大宗商品是全球定价，金融化因素并非完全由中

国股市传导，将金融化简化为中国股市对大宗商品市场的冲击有很大的局限性。一方面，由于资本管制的原因，中国与欧美市场股票市场并不联动。大宗商品市场却是另一番景象，在1996年后中国开放经常账户，并采取人民币盯住美元的汇率政策。在人民币对美元汇率相对稳定和货物可以自由流动、货币可以自由兑换（经常账户项下）的情况下，套利机制将抹平大宗商品价格的差异。不考虑关税和非关税壁垒以及运输成本的变动，国内外大宗商品价格的同比波动将基本上是一致的。[①] 这种一致性在微观角度也十分容易理解，上游和中游的工业品，比如原油、铁矿石、钢材以及大豆、豆粕、豆油等都是全球定价的。相比股票市场，大宗商品价格更具有全球同步性，其金融化过程更多是对非供需层面的因素如宏观经济预期、政策取向、资金松紧以及外部突发事件对价格的传导以及由此引发的"羊群效应"。

另一方面，欧美股票市场通常是经济的晴雨表，以股票市场对大宗商品市场"羊群效应"的冲击是否显著作为衡量金融化是否明显的做法毋庸置疑是可行的，但在中国并非如此。长期以来，中国将股票市场定位成融资市场而非投资市场，由此带来一系列制度性缺陷：（1）在注册制尚未推出之前，发行制度仍然是审批制，导致发行价格过高；（2）上市公司法人治理结构不合理，缺乏规范的分红制度，分红占融资比例过低；（3）内幕交易、操纵以及证券欺诈现象严重；（4）缺乏严格执行的退市制度。由于中国股票市场存在诸多制度缺陷，股票价格并非总是提前反应宏观经济、货币政策与流动性，有时甚至与宏观经济指标出现明显背离。因此，模型（3.4）与模型（3.7）的实证结果并非能够准确描述中国大宗商品的金融化的微观表现，A股市场对大宗商品市场"羊群效应"冲击大多数不显著并不足以说明大宗商品尚未被金融化。尽管如此，煤焦钢板块在模型（3.4）中系数显著佐证了大宗商品金融化现象的存在。

第二，中国尚未推出商品指数期货，尽管中国期货保证金监控中心、期货交易所、专业化指数公司、券商、基金公司、期货公司、软件供应商都在自发编制商品期货指数，其权威性、可靠性倍受质疑，商品期货指数投资者的缺乏某种程度上会削减股票对大宗商品"羊群效应"的冲击力度。事实上，在全球大宗商品市场，指数化投资兴起的时间并

① 此处引用了高善文在《金融发展评论》2011年的观点，他认为一价定律会导致国内外物价水平同步。

不长。2000 年以来，随着美国降低利率以及科技股泡沫破裂，以养老基金为代表的机构投资者资产不断缩水，急需寻找新的利润来源。与此同时，20 世纪九十年代末全球商品价格正处于二十年来的低位，加之商品市场的投资收益率与股票市场、债券市场的相关系数较低，可以满足机构投资者多样化投资需求，因此商品期货市场迅速赢得机构投资者的青睐。反观中国，截至 2014 年一季度末，信托、银行理财、保险、基金和券商资管五大类机构投资者的资产管理规模总和约为 40.34 万亿元人民币。如果按照国际上一般采用 5% 的比例对大宗商品进行资产配置，这五类资产管理机构的潜在投资规模将达到 2 万亿元，相当于当前国内期市的保证金规模的 10 倍，大宗商品指数类产品无疑将成为这部分机构资金的重点配置对象。然而，中国期货市场比较年轻、商品指数期货尚未推出，业内还不存在公认的权威性商品指数，多数投资者交易股票只是参考相关大宗商品走势，而非将某个商品板块指数作为股票的替代资产。

表 3.9 中国商品市场的"羊群效应"

	大宗商品	农产品	化工	煤焦钢	有色金属	贵金属
	Regression Equation	Regression Equation	Regression Equation	Regression Equation	Regression Equation	Regression Equation
$\alpha_{0,1}$	0.003	0.001	0.000		0.002	0.003
	(25.879)***	(8.074)***	(4.284)***		(11.601)***	(15.923)***
$\alpha_{0,2}$	0.005	0.003	0.003	0.001	0.006	0.002
	(40.215)***	(30.026)***	(23.246)***	(9.670)***	(18.401)***	(13.517)***
$\alpha_{1,1}$	0.788	0.797	0.749		0.780	0.013
	(26.794)***	(52.545)***	(903.242)***		(21.808)***	(0.333)***
$\alpha_{1,2}$	0.594	0.502	0.463	0.962	0.721	0.209
	(21.316)***	(23.521)***	22.204	(57.500)***	(14.674)***	(13.415)***
$\alpha_{2,1}$	3.955	−1.889	0.012		3.489	8.616
	(2.519)**	(−3.229)**	(0.545)***		(3.383)***	(5.835)***
$\alpha_{2,2}$	−1.204	−3.334	0.239	−0.550	3.378	1.732
	(−1.224)	(−4.567)***	(0.435)	(−1.352)	(2.662)***	(7.475)***

注：括号里数字为 t 统计量，*，* * 与 * * * 分别代表 10%，5%，1% 的显著性水平，参数估计对应模型 (3.2)。

表 3.10　中国股市在商品市场"羊群效应"中所扮演的角色

	大宗商品	农产品	化工	煤焦钢	有色金属	贵金属
	Regression Equation	Regression Equation	Regression Equation	Regression Equation	Regression Equation	Regression Equation
$\alpha_{0,1}$	0.003	0.001	0.000		0.002	0.003
	(25.747)***	(7.988)***	(4.167)***		(11.460)***	(15.805)***
$\alpha_{0,2}$	0.005	0.003	0.003	0.001	0.006	0.002
	(39.650)***	(29.531)***	(22.882)***	(9.767)***	(18.025)***	(13.099)***
$\alpha_{1,1}$	0.788	0.796	0.749		0.780	0.013
	(26.723)***	(52.486)***	(902.800)***		(21.795)***	(−0.335)
$\alpha_{1,2}$	0.593	0.502	0.461	0.958	0.719	0.209
	(21.279)***	(23.515)***	(22.084)***	(56.802)***	(14.626)***	(13.410)***
$\alpha_{2,1}$	3.958	−1.886	0.012		3.488	8.615
	(2.517)**	(−3.216)**	(−0.551)		(3.379)***	(5.831)***
$\alpha_{2,2}$	−1.231	−3.346	0.248	−0.492	3.391	1.727
	(−1.252)	(−4.579)***	(−0.452)	(−1.209)	(2.672)***	(7.452)***
$\alpha_{3,1}$	0.004	−0.007	0.002		−0.014	−0.019
	(−0.043)	(−0.109)	(0.355)		(−0.080)	(−0.114)
$\alpha_{3,2}$	0.325	0.092	0.476	−0.498	0.858	0.307
	(1.203)	(0.437)	(1.744)*	(−2.002)**	1.316	(0.848)

注：括号里数字为 t 统计量，*，**与***分别代表 10%，5%，1%的显著性水平，参数是估计对应模型（3.4）。

表 3.11　中国大宗商品板块之间的"羊群效应"

	PanaA：农产品				PanaB：化工			
	化工	煤焦钢	有色金属	贵金属	农产品	煤焦钢	有色金属	贵金属
$\alpha_{0,1}$	0.001		0.001	0.001	0.000		0.000	0.000
	(6.601)***		(7.476)***	(7.160)***	(3.508)***		(4.415)***	(3.339)***
$\alpha_{0,2}$	0.003	0.003	0.003	0.003	0.004	0.004	0.003	0.003
	(20.703)***	(27.947)***	(26.920)***	(27.059)***	(14.358)***	(25.006)***	(21.170)***	(21.176)***
$\alpha_{1,1}$	0.797		0.798	0.797	0.749		0.749	0.749
	(52.462)***		(52.183)***	(52.504)***	(901.589)***		(901.097)***	(898.211)***
$\alpha_{1,2}$	0.489	0.501	0.505	0.503	0.450	0.459	0.457	0.462
	(22.828)***	(23.388)***	(23.440)***	(23.535)***	(21.770)***	(22.325)***	(21.804)***	(22.155)***

	PanaA：农产品				PanaB：化工			
	化工	煤焦钢	有色金属	贵金属	农产品	煤焦钢	有色金属	贵金属
$\alpha_{2,1}$	−1.897		−1.939	−1.896	0.011		0.011	0.012
	(−3.238)**		(−3.296)**	(−3.237)**	(0.524)		(0.518)	(0.551)
$\alpha_{2,2}$	**−2.805**	−3.319	**−3.370**	**−3.443**	0.662	0.272	0.365	0.211
	(−3.838)***	(−4.544)***	(−4.618)***	(−4.667)***	(1.193)	(0.503)	(0.666)	(0.381)
$\alpha_{3,1}$	0.003		−0.005	−0.008	−0.001		−0.001	0.000
	(0.207)		(−0.567)	(−0.699)	(−0.380)		(−1.610)	(−0.384)
$\alpha_{3,2}$	**0.095**	−0.016	−0.011	−0.001	**0.167**	−0.110	−0.016	0.001
	(6.806)***	(−1.431)	(−1.687)*	(−0.055)	(−7.239)***	(−7.772)***	(−1.924)*	(0.097)
$\alpha_{4,1}$	−0.091		−0.150	0.184	0.003		0.030	0.005
	(−0.370)		(−0.538)	(−0.743)	(0.065)***		(1.227)	(0.216)
$\alpha_{4,2}$	**−1.102**	0.273	**−0.506**	0.102	**−2.872**	1.005	1.087	0.068
	(−4.439)***	(−0.934)	(2.565)**	(−1.180)	(−5.565)***	(2.68)***	(4.261)*	(0.612)

	PanaC：煤焦钢				PanaD：有色金属			
	农产品	化工	有色金属	贵金属	农产品	化工	煤焦钢	贵金属
$\alpha_{0,1}$					0.001	0.002		0.002
					(6.260)***	(7.076)***		(9.216)***
$\alpha_{0,2}$	0.001	0.001	0.001	0.001	0.005	0.005	0.006	0.006
	(6.569)***	(6.965)***	(6.581)***	(8.254)***	(12.385)***	(13.630)***	(16.658)***	(15.713)***
$\alpha_{1,1}$					0.774	0.777		0.781
					(21.718)***	(21.962)***		(21.837)***
$\alpha_{1,2}$	0.959	0.958	0.961	0.964	0.693	0.690	0.720	0.722
	(57.077)***	(56.423)***	(57.045)***	(57.514)***	(14.360)***	(14.662)***	(14.558)***	(14.704)***
$\alpha_{2,1}$					3.599	3.576		3.500
					(3.503)***	(3.505)***		(3.396)***
$\alpha_{2,2}$	−0.514	−0.491	−0.533	−0.570	3.582	3.077	3.393	3.238
	(−1.262)	(−1.203)	(−1.310)	(−1.401)	(2.880)***	(2.537)***	(2.667)***	(2.553)**
$\alpha_{3,1}$					**0.151**	**0.077**		−0.028
					(3.138)***	(2.064)**		(−0.828)

	PanaC：煤焦钢				PanaD：有色金属			
	农产品	化工	有色金属	贵金属	农产品	化工	煤焦钢	贵金属
$\alpha_{3,2}$	−0.014	−0.031	0.006	−0.015	0.072	−0.019	−0.001	**0.090**
	(−0.666)	(−1.845)*	(−0.825)	(−1.126)	(−1.323)	(−0.462)	(−0.0190)	(2.621)***
$\alpha_{4,1}$					−3.364	0.026		1.650
					(−2.339)**	(0.037)		(2.265)**
$\alpha_{4,2}$	−0.453	0.525	−0.352	0.172	9.026	8.477	−0.239	**−0.031**
	(−1.012)	(1.886)*	(−1.517)	(1.700)*	(7.782)***	(12.099)***	(−0.262)	(−0.117)***

PanaE：贵金属

	农产品	化工	煤焦钢	有色金属
$\alpha_{0,1}$	0.003	0.003		0.003
	(11.934)***	(13.066)***		(14.297)***
$\alpha_{0,2}$	0.002	0.002	0.002	0.002
	(10.020)***	(10.360)***	(11.745)***	(10.499)***
$\alpha_{1,1}$	0.013	0.014		0.015
	(0.332)	(0.367)		(0.372)
$\alpha_{1,2}$	0.205	0.206	0.210	0.206
	(13.304)***	(13.334)***	(13.471)***	(13.196)***
$\alpha_{2,1}$	8.614	8.541		8.599
	(5.818)***	(5.781)***		5.823
$\alpha_{2,2}$	1.608	1.632	1.721	1.743
	(6.982)***	(7.080)***	(7.429)***	(7.522)***
$\alpha_{3,1}$	0.012	−0.022		−0.038
	(0.26)	(−0.610)		(−1.497)
$\alpha_{3,2}$	−0.044	−0.036	0.029	0.014
	(−1.422)	(−1.514)	(1.524)	(−1.328)
$\alpha_{4,1}$	−0.431	1.043		0.803
	(−0.312)	(−1.505)		1.026
$\alpha_{4,2}$	4.223	2.246	−0.228	0.011
	(6.405)***	(5.511)***	(−0.451)	(0.032)

注：括号里数字为 t 统计量，＊，＊＊与＊＊＊分别代表 10%，5%，1% 的显著性水平，参数估计对应模型（3.5）。

表 3.12　引入虚拟变量后的"羊群效应"（2004 年为分界点）

	大宗商品	农产品	化工	煤焦钢	有色金属	贵金属
	Regression Equation	Regression Equation	Regression Equation	Regression Equation	Regression Equation	Regression Equation
α_0	0.004	0.002	0.002	0.001	0.004	0.002
	(42.179) ***	(29.733) ***	(21.622) ***	(13.692) ***	(18.345) ***	(18.55) ***
α_1	0.709	0.584	0.564	0.737	0.835	0.197
	(30.664) ***	(34.365) ***	(36.689) ***	(57.500) ***	(21.858) ***	(14.950) ***
α_2	−0.550	**2.998**	**3.001**	2.573	−1.485	2.347
	(−0.331)	(3.884) ***	(6.530) ***	(4.238) ***	(−0.928)	(2.571) **
δ_1	**−2.944**	**−8.066**	**−4.585**		3.410	−0.471
	(−2.150) **	(−14.664) ***	(−13.358) ***		(2.446) **	(−0.546)

注：括号里数字为 t 统计量，*，**与***分别代表 10%，5%，1%的显著性水平，参数估计对应模型（3.3）。

表 3.13　引入虚拟变量后股票在商品"羊群效应"中所扮演的角色（2004 年为分界点）

	大宗商品	农产品	化工	煤焦钢	有色金属	贵金属
	Regression Equation	Regression Equation	Regression Equation	Regression Equation	Regression Equation	Regression Equation
α_0	0.004	0.002	0.002	0.003	0.004	0.002
	(41.851) ***	(29.301) ***	(21.385) ***	(12.656) ***	(18.150) ***	(18.120) ***
α_1	0.703	0.582	0.560	0.735	0.824	0.197
	(30.456) ***	(34.300) ***	(36.490) ***	(24.825) ***	(21.553) ***	(14.854) ***
α_2	0.330	3.321	3.173	2.630	−0.972	2.427
	(0.198)	(4.276) ***	(6.896) ***	(4.332) ***	(−0.607)	(2.632) ***
δ_1	−3.876	−8.450	−4.788		2.982	−0.550
	(−2.808) ***	(−15.114) ***	(−13.862) ***		(2.136) **	(−0.631)
α_3	**−0.549**	**−0.374**	**−0.459**	3.374	**−1.033**	−0.027
	(−3.061) ***	(−2.701) ***	(−2.652) ***	(2.051) **	(−2.465) **	(−0.112)
δ_2	1.394	0.828	1.292		2.828	0.329
	(4.632) ***	(3.582) ***	(4.451) ***		(4.037) ***	(0.819)

注：括号里数字为 t 统计量，*，**与***分别代表 10%，5%，1%的显著性水平，参数估计对应模型（3.6）。

表 3.14　引入虚拟变量后的"羊群效应"（2008 年为区间分界点）

	大宗商品	农产品	化工	煤焦钢	有色金属	贵金属
	Regression Equation	Regression Equation	Regression Equation	Regression Equation	Regression Equation	Regression Equation
α_0	0.004	0.002	0.002	0.001	0.004	0.002
	(43.217)***	(31.116)***	(25.079)***	(13.692)***	(18.202)***	(18.572)***
α_1	0.665	0.542	0.543	0.737	0.842	0.197
	(28.401)***	(31.546)***	(39.691)***	(57.500)***	(22.073)***	(15.196)***
α_2	**3.257**	**3.398**	**4.530**	2.573	1.084	2.210
	(2.775)***	(4.630)***	(11.823)***	(4.238)***	(0.975)	(8.156)***
δ_1	**−6.650**	**−8.355**	**−9.216**		0.728	**−0.453**
	(−8.340)***	(−17.355)***	(−33.623)***		(1.004)	(−1.941)*

注：括号里数字为 t 统计量，*，＊＊与*** 分别代表10％，5％，1％的显著性水平，参数估计对应模型（3.3）。

表 3.15　引入虚拟变量后股票在商品"羊群效应"中所扮演的角色（2008 年为区间分界点）

	大宗商品	农产品	化工	煤焦钢	有色金属	贵金属
	Regression Equation	Regression Equation	Regression Equation	Regression Equation	Regression Equation	Regression Equation
α_0	0.004	0.002	0.002	0.003	0.004	0.002
	(43.197)***	(30.826)***	(24.749)***	(12.656)***	(17.693)***	(18.117)***
α_1	0.650	0.535	0.539	0.735	0.833	0.193
	(28.033)***	(31.163)***	(39.501)***	(24.825)***	(21.928)***	(14.817)***
α_2	4.346	3.877	4.691	2.630	1.591	2.306
	(3.726)***	(5.267)***	(12.250)***	(4.332)***	(1.435)	(8.469)***
α_1	−8.567	−9.157	−9.650		−0.258	−0.591
	(−10.514)***	(−18.325)***	(−33.865)***		(−0.350)	(−2.497)**
α_3	**−0.413**	**−0.242**	**−0.182**	3.374	**−0.615**	−0.076
	(−2.781)***	(−2.102)**	(−1.400)*	(2.051)**	(−1.739)*	(−0.377)
δ_2	4.991	2.333	2.507		7.972	2.377
	(9.233)***	(5.636)***	(5.335)***		(6.427)	(3.344)***

注：括号里数字为 t 统计量，*，＊＊与＊＊＊分别代表10％，5％，1％的显著性水平，参数估计对应模型（3.7）。

3.4　大宗商品金融化的定性分析

3.4.1　大宗商品金融化的背景

1.交易主体金融化

2000 年以来，随着金融监管的放松，很多国际著名投资银行专门开设了商品部门投资于商品市场，或者成为客户的交易对手方参与大宗商品市场。2008 年金融危机后，受商品投资相对稳定的回报率吸引，国际金融机构纷纷从传统的股票与债券市场分流资金以提高大宗商品的配置比例，同时原先禁止或者抑制商品投资的国家也不断放宽监管尺度，机构投资者参与大宗商品的力量越来越强。2008 年以后，投行在商品贸易实务领域有着巨大的影响力，并且利用着这些影响力在操控市场获得超额利润。因此监管层面，在多德弗兰克法案的基础上，对投行的商品实务展开监管的呼声也越来越高，由于面临多宗监管方诉讼的风险和成本，加之大宗商品走熊，现货盈利压力增大，从 2013 年开始，摩根大通、高盛、摩根士丹利、巴克莱相继退出大宗商品实物贸易业务，继续保留了在大宗商品衍生品方面的交易。而养老基金、共同基金、封闭基金、对冲基金、管理期货基金仍然是市场的投资主体，把商品期货当成多样化投资、不同风险偏好投资的最佳选择之一。随着中国利率市场化、人民币国际化的推进，全球大宗商品的联动越来越强，欧美交易主体金融化现象也逐步传导到中国市场。

从 2012 年开始，中国证监会放松了公募基金、券商另类投资公司参与大宗商品市场的限制，加上宏观对冲私募基金的兴起，商品期货市场的交易主体正在悄然改变，越来越多的金融投资者进入大宗商品期货市场，这些金融投资者参与商品市场交易的原因有二：一是大宗商品与股票、债券收益率相关性不高，投资组合中配置商品会降低波动率。二是随着中国经济增速放缓，做空大宗商品能有效对冲经济下行带来的周期风险。譬如当房地产投资出现明显拐点但无风险利率明显下行的时候，可以做空房地产的上游原材料螺纹钢、铁矿石期货，并同时做多国债期货，通过大类资产配置从而获得超额收益。由此可见，大宗商品期货正逐渐成为一种新的资产类别，被金融投资者认可并使用。

2. 交易机制金融化

大宗商品衍生品市场出现以后，合约交易取代了实物交易，省去了投资者对储运及商品质量的担忧，生产者、贸易商、消费者之间的交易更加便利。合约标准化消除了商品与其他金融产品的区别，不同的商品可以配置成投资组合，可以被合成可投资的价格指数，从而具备金融资产的金融属性。当大宗商品期货市场的主要参与者变成金融机构时，交易商品的动机就会发生根本性的改变，商品作为实物储存的价值不再是投资的主要目的，指数化投资、宏观对冲、资产配置等投资行为导致价格同涨同跌，价格走势脱离原有的运行规律并出现与股市收益等金融因素相关的现象即商品金融化。另外，ETF 产品的兴起，增加了投资者进入大宗商品市场的渠道。2010 年—2011 年期间，ETF 证券公司先后推出了铜、铝、锌、铅、镍、锡、的六种主要基本金属的 ETF 产品。近期中国上海期货交易所也在积极筹备有色指数期货以及上海证券交易所在筹备商品 ETF，将有利于提高金融机构参与度，改善商品市场的流动性，后续随着商品期货期权的推出，交易机制的金融化必然导致大宗商品的金融属性增强。

3. 金融因素向产业链渗透

金融深化的结果是大宗商品产业资本投资、融资渠道多样化，一是大宗商品产业资本可以在不同的市场之间配置，例如当出现通货膨胀时，实体企业可以利用商品期货市场买入自身并不一定需要的大宗商品来抵御通胀带来的利润损失；二是可以利用两个国家的利差进行融资套利，这样的配置行为会导致大宗商品价格脱离其供需基本面。三是当产业企业资本投资多样化以后，企业的利润就会与所投资的市场关联。资本的逐利性使产业资本在实体投资、金融资产中不断重新配置，导致生产计划、库存、销售与宏观经济、货币政策与流动性、汇率等宏观经济、金融因子联系更加紧密，表现为大宗商品金融化；最后，金融中介机构服务领域的拓展也表现为向实体企业生产各个环节的渗透。采购时原先使用的电话询价方式改为参考交易所统一的市场价格，销售时需要考虑的物流成本改为参考运价指数，仓库的存货以仓单的方式进行质押等。金融机构服务功能的多样化使得实体企业的生产、销售、库存等环节融入了越来越多的金融因素。产业链上下游的企业受到宏观经济、金融因素影响时，其对大宗商品的供给与需求也变动趋同，反映在大宗商品期货价格上即表现为越来越多的同涨同跌现象。

3.4.2 大宗商品金融化可能的影响

1. 对定价机制的影响

商品金融化可能影响商品市场的定价机制。随着金融资本的进入，套利约束持续减弱，商品期货价格与现货价格相关系数非常高，期货价格与现货价格相互影响，传统的无套利定价模型很难解释商品期货价格的波动，供需基本面不再是决定现货价格的唯一因素，原有的季节性规律就会弱化。通常来说，金融投资者缺乏特定商品的详细知识，他们倾向于大宗商品指数投资、量化投资以及宏观对冲，对某一类大宗商品的预期很容易传导到其他商品上，即使其他商品基本供求面没有任何变化。然而，金融投资者交易对大宗商品价格的影响难以量化，部分原因是商品交易金融化的兴起与作为新兴经济体的实体商品的需求开始快速增长几乎在同一时间即从 2003 年开始，很难分清金融资本对价格影响的贡献程度。因此，金融化对商品价格的影响，大多数实证文献强调，商品价格金融化既有供给与需求的因素，也有反映商品交易金融化的其他变量。

根据 Geossman & Stiglitz（1980）和 Hellwig（1980）的观点，由于全球性的供应、需求和库存商品的信息摩擦，集中的期货市场通常发现现货市场的信息。例如，重点商品如原油，铜和大豆期货价格已在很大范围内成为近年来全球经济的晴雨表。由于信息摩擦的存在，Singleton（2012）强调金融投资者之间的异质性预期可能会导致大宗商品期货价格的偏移。Sockin & Xiong（2012）认为，金融投资者在期货市场中进行买卖所带来的噪音，可以反馈到最终产品生产者的商品需求，大宗商品生产者很难区分期货价格的变动是由于金融投资者的交易还是全球经济基本面的改变而产生的。

考虑到大宗商品价格已经被这两个因素影响，学者们发现所选择的变量对商品价格影响显著。因此，将商品过去一些年价格变化归结于基本面因素的（如 Sanders & Irwin，2010），与归结于金融投资不断增长（Gilbert，2010）一样，都有很多实证结果支持他们的观点。实证研究中最为突出的是（Tang & xiong，2010）提出的模型中包括基本面与金融变量，结果表明来自新兴经济体的需求不是商品价格在 2006—2008 年上涨的唯一驱动因素，即使控制基本面因素，金融化变量仍然非常显著。这一结论表明：大宗商品价格不再简单地由供求关系决定，金融化因素以及金融投资者也起了很大作用。大宗商品价格的持续波动，严重影响到生产商的对冲策略以及许多国家的粮食和能源政策。Gilbert（2010）运用格兰杰因果检验进一步分析指数投资者在 2006 年 1 月—2009 年 3 月期间相关期货合约收益的变化，样本里包括 7 种商品，研究发现，指数投资者的铝，铜，原油和玉米持仓变化是价格的格兰杰原因，而大豆和小麦，没有这种影响。指数交易者头寸变化某种程度上被其他交易者察觉并且作为信息传递，类似于信息瀑布，其价格影响将持续。Gilbert（2010A）采用回归分析来探讨以下指数交易商的头寸改变对价格的影响是否有持续，结果这种持续性表明铜，原油和小麦的影响明显。最后，通过比较没有指数投资的实际的价格走势，估计指数化投资对价格的影响。假设价格走势是根据计量经济学模型，证据显示指数投资能说明 2006—2007 年期间 3％—10％的原油价格上涨，但在 2008 年能说明 20％—25％，谷物类大致是原油的一半。Gilbert 指数在 2008 年的上半年，指数投资导致了商品价格泡沫产生。总的来说，认为高油价、金属价格、谷物价格由指数投资驱动是不正确的，但指数投资者确实放大了基本面驱动价格的作用。结构计量经济学模型纳入了基本面供求因素和对这些因素未来发展的预期，表明 2007—2008 年大宗商品价格泡沫确实存在。Kaufmann 等人（2008）试图解释商品价格主要由供给与需求水平，炼厂产能以及需求转好预期刺激的库存存储决定。直到 2007 年年中，模型预测的原油价格走势相当接近实际价格，当预测价格开始迅速增长，实际价格上涨更为迅速，2008 年第二季度开始超过预期价格且达到 20％，这一结果表明，供求因素使库存下降，从 2003 年开始原油价格上涨，但 2007—2008 年价格涨幅已经超越了基本面对应的水平。Prometeia（2008）采用类似的方法检测 2007 年中和 2008 年中原油价格的强劲增长是否可以通过市场参与者的理性定价行为进行解释或者是否产生了泡沫。这些实证不能拒绝泡沫的存在。Prometeia（2008）指出金融投资活动加速和放大了中长期由基本面驱动的大宗商品价格。

实际上，国外学者大都认为欧美市场的金融化的确影响了大宗商品的价格，并且损害了生产者、加工商与贸易商的对冲效果。中国大宗商品市场发展不同于国际市场，在加入世界贸易组织之前，对外开放程度不高，随着经济的快速发展，中国对进口大宗商品的程度明显提高，特别是 2000 年以来原油、铁矿石、橡胶、大豆对外依存度均在 50％以上，棕榈油几乎 100%。受国内需求、国外供给、汇率、全球货币政策、境内外投资者结构共同影响，内外联动性明显增强，大宗商品已经从受传统的供需关系影响，转变为受供需关系与金融化因素共同影响，即使中国商品市场的主要参与者不是金融机构，但国外指数基金、对冲基金的参与仍然会使我国出现类似于国外的商品金融化现象，从而使传统的定价机制发生改变。

2. 对风险分散价值的影响

一般来说，股票、债券、大宗商品受经济周期、货币政策影响的作用机制存在差异，在不同的经济状态下表现也不一致，通过分散化投资进行大类资产配置，有利于降低投资组合的系统性风险。在进行权益投资时，加入大宗商品可以有效分散风险，提高投资收益率。

近年来研究大类资产配置最经典的文献莫过于美林证券的投资时钟理论。2004 年 11 月 10 日，美林证券发表了一篇经典的研究报告 *The Investment Clock*，其主要思想根据经济增长趋势和通货膨胀趋势，将经济周期划分为四个阶段：衰退、复苏、过热、滞胀。在四个不同的阶段，债券、股票、大宗商品和现金的相对表现不同：衰退阶段（经济下行，通胀下行），涨幅依次为债券、现金、股票、大宗商品；复苏阶段（经济上行，通胀下行），涨幅依次为股票、债券、现金、大宗商品；过热阶段（经济上行，通胀上行），涨幅依次为大宗商品、股票、现金、债券；滞胀阶段（经济下行，通胀上行），涨幅依次为现金、债券、大宗商品、股票。美林投资时钟理论指出，在衰退、复苏、过热、滞涨四个阶段，每一类资产按顺时针方向跑赢其他资产类别。

美林投资时钟描述的是 1974—2004 年美国市场的金融资产表现，近年来这种基于历史统计的规律并不适用。传统的投资时钟模型建立在宏观经济指标决定经济所处的阶段，自从 2008 年金融危机后，全球主要经济体的量化宽松政策扰乱了传统的经济周期，经济周期的四个阶段有时甚至在一年时间内全部走完。极度宽松的货币政策导致大量流动性直接进入股票、大宗商品等金融市场从而引起资产价格的同涨同跌，大宗商品具有风险分散价值越来越受到学术界与实务界的质疑，有学者甚至认为大宗商品的风险分散价值弱化是一种长期的全球性现象。以中国为例，2008 年前后，大类资产如股票、债券、大宗商品市场出现惊人的同涨同跌现象。然而，单纯的货币因素难以决定商品的价格走势，2010 年以后伴随着中国经济增速放缓，大宗商品步入连续多年的熊市。

综合来看，大宗商品金融化可能加速资产价格的传导效率，弱化传统经济周期中各类资产的收益差异，给分散化投资、大类资产配置策略带来一定的困难。

3. 对风险传染与信息传递机制的影响

商品金融化最直接的影响是商品与股票、债券市场的信息扩散与风险传染速度加快，如资源类商品价格大幅波动会导致相关股票跟随波动，并迅速扩散到整个股票市场，从而导致货币政策预期发生改变，进而影响债券市场价格走势。以美国为例，过于相信放松监管带来的市场效率，以及金融部门强大的逐利压力，美国政府在金融自由化方面越走越远，以至基本失去了对金融活动的掌控，金融投机活动的范围、规模和程度都空前增加。尤其是美联储允许银行、投行等介入商品现货及其衍生品市场，使大宗商品日益具有金融产品的属性，2008年金融危机爆发时，金融风险迅速在股票、债券、大宗商品期货市场传染并自我加强。因此一方面要引导产业投资者利用商品期货规避风险，另一方面还要防范过度投机以及系统性风险在不同市场之间的扩散。针对大宗商品金融化现象，2009年5月，美国证券交易委员会、商品期货交易委员会宣布了关于场外衍生品交易的新监管框架，包括场外衍生品集中清算，2010年7月21日美国通过的《多德-弗兰克华尔街改革和消费者保护法案》，在加强市场监管方面，法案内容分别涉及建立防止金融机构发展过大的限制发展和破产清算机制、完善现有监管体制、严格市场规范，加强国际监管合作。事实上，通过法案来限制市场投机行为毕竟只是临时性的干预措施，配合防止大宗商品金融化还需要其他辅助性的措施，这包括提高现货市场信息透明度、防止价格过度波动的储备制度。

3.5　本章小结

本章首先给出了金融化的定义，认为大宗商品的金融属性不断增强，并对中国与美国的金融化程度在宏观上进行了度量，然后在微观层面按板块对中国大宗商品进行了"羊群效应"、股票市场在"羊群效应"中所扮演的角色进行了深入研究，并探讨了大宗商品金融化的原因以及可能带来的影响，实证结果表明：

（1）从宏观层面看，中国与欧美国家大宗商品的金融化程度存在显著差异。对比中国、欧美国家的期货市场，单从成交量与现货产量比来看，欧美国家的期货市场深度远远强于中国，这是因为欧美投资者中机构投资者占比越来越大，包括养老基金、保险基金、共同基金、封闭基金、信托基金、对冲基金，使得期货成交量远远高于现货产量；从成交量与持仓比、价格与基本面一致性以及投资者结构来看，中国市场的投机程度远远高于欧美市场。投机资金的介入大大增强了商品期货市场的流动性，但同时又会加剧期货市场价格波动的幅度与频率，给商品价格增添一层金融属性。

（2）从微观层面看，中国大宗商品市场"羊群效应"在2004、2008年前后表现不一。从总体看，大宗商品2008年以后的"羊群效应"较2004之后更为显著；从板块与板块之间的关系看，农产品与化工在2004年以后具有明显的风险联动及"羊群效应"，农产品与有色金属在2004年之后具有较强的"羊群效应"；煤焦钢与化工板块在2004年之后具有次强的"羊群效应"；有色金属与农产品、化工在2004年以前具有明显的风险联动，与贵金属在2004年之后具有明显的风险联动及"羊群效应"。

（3）总体而言，2000—2014年，除煤焦钢外，股票市场并非对所有大宗商品的冲击显著。无论是以2004年为分界点，还是以2008年为分界点，$\alpha_{3,s} + \delta_{2,s}$ 均显著为正，而大宗商品、农产品、化工、有色金属板块的 α_3 显著为负，说明股票市场对大宗商品的冲击并未导致其产生"羊群效应"，反而显著放大了各板块品种之间的波动非一致性。

本章从宏观上肯定了商品金融现象的存在，在微观层面进行的实证表明：大宗商品之间存在明显的风险联动与"羊群效应"，除煤焦钢外，股票市场对其他商品板块"羊群效应"的冲击似乎并不显著，部分实证结果支持大宗商品金融化这一假说。我们认为，将金融化简化为股票市场对大宗商品市场的冲击有很大的局限性：首先，相当一部分大宗商品是全球定价，金融化因素并非完全由中国股市传导，将金融化简化为中国股市对大宗商品市场的冲击有很大的局限性；其次，中国三大商品期货交易所尚未推出权威的商品指数期货，缺乏相应的指数投资者，部分指数由作者自己构建，其影响力本身具有一定的局限性。然而，随着国内外市场一体化、交易主体、交易机制的金融化以及金融因素向产业链渗透，中国大宗商品期货市场存在金融化现象是毋庸置疑的，研究大宗商品金融化对资产定价、资产配置、监管转型具有重要意义。

第四章

大宗商品金融化对传统定价理论的拓展及实证

4.1 大宗商品现货市场传统定价理论

大宗商品现货价格是怎么形成的？从过去的 100 多年来看，经济学家提出了多种理论解释，包括从劳动价值论、边际效用学、古典经济学以及信息博弈论的视角来分析大宗商品价格的定价机制，梳理商品定价思想的历史演进逻辑与争议，对进一步研究金融化背景下大宗商品的定价机制，有明显的启示意义。

4.1.1 劳动价值论

在传统的社会主义国家里，有关商品价格的决定问题基本上是对马克思经典著作的解释，认为需要从另外的角度来思考劳动价值：首先，商品价值由无差别的一般人类劳动所决定，劳动包括具体劳动与抽象劳动，商品价值量由生产这种商品的社会必要劳动时间而不是普通劳动时间来决定。其次，生产某项商品的社会必要劳动时间会随着技术、劳动技能的提高而呈现下降趋势，商品价值随着社会技术水平和劳动者技能的提高而下降。第三，具体劳动决定商品的使用价值，而抽象劳动决定商品的价值，价值增值的过程由不变资本、劳动成本以及剩余价值构成。马克思劳动价值理论的精髓是其指出了财富的社会性质，认为商品价格与供需关系相互影响，Hilferding，Dobb，Meek，Sweezy，Mandel & Desai 等一些学者坚持马克思的劳动价值论。

4.1.2 边际效用学视角

效用价值论是以满足人欲望的能力的一种主观心理评价来解释价值的形成过程，在 18 世纪后期以及 19 世纪初期处于停滞状态，19 世纪 30 年代以后，在对抗当时劳动价值论的背景下，边际效用价值论开始发展。英国早期经济学家 W.F. 劳埃德在 1833 年指出：商品价值只表示人对商品的心理享受，取决于人的欲望和人对物品的估价，人的欲望和估价会随物品数量的变动而变动，并在被满足和不被满足的欲望之间的边际上表现出来，从而区分了总效用和边际效用。19 世纪 70 年代初，英国经济学家杰文斯、奥地利的万格尔以及法国的瓦尔拉对边际效用学进行了系统的阐述，认为商品的价格是表示人的欲望以及满足这种欲望之间的关系，个人的主观感受会随着消费这种商品数量的增加而递减。边际效用视角认为，效用是价值的源泉且以稀缺性为前提，物品越稀缺，想获取的难度性越大，其价值也越大，即随物品数量增减而发生相反方向的价值变动。

4.1.3　古典经济学的一般均衡分析

传统的经济学要么侧重供给因素，如生产费用论、劳动价值论；要么侧重需求，如边际效用学派、古典经济学的一般均衡论则是两者的结合。英国经济学家 Marshall（1890）和法国经济学家 Walras 是均衡概念的较早引入者和均衡分析方法的创立者。Marshall 是微观经济学的主要奠基人，创造了供给和需求分析工具，用曲线表明了供给法则和需求法则。他认为，竞争将促使实际价格回归均衡价格，需求关系的变化和需求曲线的变动源于财富的变化、人口的变动、消费偏好以及其他商品价格或预期价格的变化，这种分析称为局部均衡分析。

Walras 的《纯粹政治经济学纲要》（1874～1877）提出了一般均衡分析理论。他以边际效用价值论为基础，认为价格或者价值达到均衡的过程是类似的，用稀缺性说明价格决定的最终原因，某种商品的供求数量与价格是相互联系的，某种商品价格与数量的变化会对其他商品数量与价格的变化产生影响，因此在研究价格时，考察了所有商品的供给和需求，只有整体市场处于均衡时，个别市场才能达到均衡，所有的分析均通过数学公式阐述，这种分析方法被称为一般均衡分析。Walras 一般均衡价格决定思想或者说均衡理论（General Equilibrium Theory）是微观经济学的一个分支，寻求在整体经济的框架内解释生产、消费和价格。一般均衡是指经济中存在一种系统，每个消费者都能在给定价格下提供自己所拥有的生产要素，并在各自的预算限制下购买产品来达到自己的消费效用极大化，每个厂商都会在给定的价格下，决定其产量和对生产要素的需求，来寻求利润的最大化。产品市场与要素市场都会在这个价格体系下达到总供给与总需求均衡，即市场出清。

4.1.4　信息博弈论视角

博弈论在经济、金融领域的应用是从 20 世纪 70 年代中后期开始发展，80 年代逐渐成为主流。在博弈论里，个人效用函数不仅仅依赖个人的选择，而且还依赖于他人的选择，个人最优选择一定是其他人选择的函数。如果在一个博弈中，参与者同时行动，且至少有一个参与者不完全知道其他参与者收益函数，该博弈称为不完全信息静态博弈。从 20 世纪 80 年代开始，学者们开始从理论上探讨机构投资者交易动态博弈，Maskin（1989）有关风险中性大户和风险厌恶的不知情散户的单期交易博弈，证明了分离均衡和混合均衡的存在，有效市场假说存在质疑。Maskin 认为，即使证券市场中存在价格完全反映信息的均衡，即分离均衡，在有大户存在的证券市场中，投资者们更容易形成价格不完全揭示信息的混同均衡，即在不同的收益状态下，证券价格相同。经济学领域对信息博弈论越来越重视，从信息博弈的视角分析商品价格决定具有重要的现实意义。

4.2　大宗商品期货市场传统定价理论

4.2.1　存储理论

有关存储理论，有两个经典的版本。Kaldor（1939）首次提出存储理论的第一个版本。Working（1948，1949），Telser（1958），Williams（1986），和 Brennan（1958，1991）阐述了它。Brennan（1958）根据供给与需求对库存的冲击总结了存储理论。任何时候，企业都会从某一时刻到下一时刻持有库存，譬如生产商、批发商等在高产量季节持有产成品库存至低产量季节；加工商持有原材料库存；投机者在仓库持有库存所有权，这些可以看成是存储的供给。从一般意义上来说，存储的供给是指为了应对未来的销售而以库存所有权、现货或者其他方式存在。另一方面，不以消费为目的的库存持有者通常被认为是库存的需求者。如果对所有的商品来说，产量是非稳定的，那么存储的消费需求函数相对稳定，由可供出售的商品来决定。

1. 存储的需求

某种商品消费的需求能够推导出对这种商品库存的需求。我们假设当所有影响其他消费的变量都是外生的，某一期间的商品需求仅仅取决于对应期间的商品价格。令 $P(t)$ 代表时期 t 的价格，$C(t)$ 代表时期 t 的消费。时期 t 的需求函数能够被写成：

$$P_t = f_t(C_t) \qquad \frac{\partial f_t}{\partial C_t} \leqslant 0 \qquad\qquad (4.1)$$

下标 t 暗示需求函数可能会随时间的变化而变化。

某一时期的消费等于上一期该商品的库存加上当期的产量减去商品当期期末库存，需求函数可以写成：

$$P_t = f_t(S_{t-1} + X_t - S_t) \qquad\qquad (4.2)$$

其中，S_{t-1} 表示 $t-1$ 期的库存数量，X_t 表示 t 期的生产量，S_t 表示 t 期的库存数量。为了表述的方便，假设当期的产量和下一期的产量水平以及库存数量都是已知的。在推导时期 t 到时期 $t+1$ 对商品库存的需求时，考虑 t 期商品库存的增加效应。在特定的假设下，如果 t 期商品的价格上涨，消费量也会降低。在商品上一期的库存和当期产量给定的情况下，时期 t 商品价格的上升将会导致 t 期的销售减少而最终 t 期的商品库存增加。在未来的产量水平和库存大小给定的情况下，更多的商品将会在 $t+1$ 期被消费，从而导致 $t+1$ 期商品的价格下降。相反地，时期 t 商品库存数量的降低在这些假设产生的影响将是：$t+1$ 期商品价格相对 t 期的价格增加。所以，下一期的价格减去当期的价格可以被表述成当期库存水平的减函数。库存从时期 t 到 $t+1$ 的需求将会表述成如下：

$$P_{t+1} - P_t = f_{t+1}(C_{t+1}) - f_t(C_t) = f_{t+1}(S_t + X_{t+1} - S_{t+1})$$
$$- f_t(S_{t-1} + X_t - S_t) \qquad\qquad (4.3)$$

如果我们对上述表达式中的 $S(t)$ 求导，偏微分是负数（所有符号的意义同上）。

需求曲线随着时间移动的假设非常符合现实，同时很有用。一般来说，如果在 t 期商品产量增加，或者 $t+1$ 期商品产量下降，或者 $t+1$ 期商品库存增加时，商品库存从 t 期到 $t+1$ 期的需求变化曲线将会上移。这些外生变量相反方向的变动将会是需求曲线往下移动。

2. 存储的供给

存储的供应可以看成是这些仓储公司，其库存水平从一个时期到另一个时期的变化。在不确定世界的竞争性行业中，一个试图最大化其净收入的公司将持有一定量的库存，使得单位商品的边际储存成本等于单

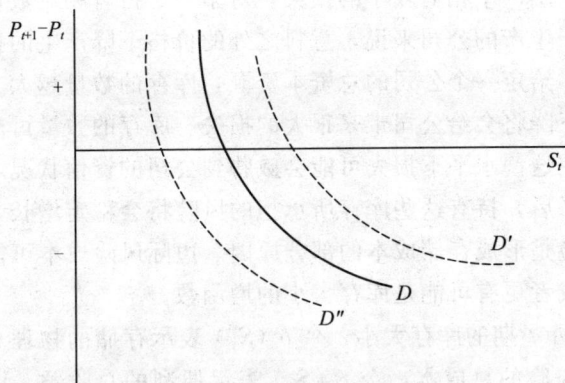

图 4.1 需求曲线的变动

位商品价格变化的期望值。我们已经看到商品的净储存边际成本不一定是正值。商品的存储边际成本被定义为储存的物理边际花费，加上风险的边际成本，再减去储存所带来的边际便利收益。

存储的总物理成本是租金、买进卖出（交易或者运输）的费用、利息以及保险费，等等。随着公司存储的商品数量的增加，总存储物理成本也会增加。尽管对于单一公司来说，这个成本可能会以一个恒定的或增长的速度增加，但是假设在总存储空间被充分利用之前，存储的边际成本将以一个恒定的速度增加是非常合理的。在总存储空间被充分利用之后，存储的边际成本将会以一个增长的速度增加。

仓库的供应商大多数主要从事生产、加工或者消费活动的，将仓库经营仅仅作为一个副业。存储成本被看成是对总体运营成本的增量影响。给定市场需求的波动，一个生产厂商能够通过从库存中填补订单，或者调整自己的生产计划或两者结合，满足突然的和意料之外的需求增长。便利收益主要归功于能够满足顾客正常需求或者从需求与价格的增长中获利而不需要修订生产计划。类似的，对于一个加工企业来说，原材料的储存能够满足产量的变化，而不要担心成本变动或者出现频繁的现期购买和交割的滞后等麻烦。零售商能够改变销售量来应对订单流的增加，只要有足够的库存在手中。库存水平越低，单位库存的边际便利收益越大。

影响存储的边际成本的第三个因素是厌恶风险。可以预期到风险厌恶是库存大小的一个增函数。给定相对数量较小的库存，在库存上投资的风险也小。库存销售价格意外的下降对于一个预备有库存待将来出售的公司，将产生一个相对较小的损失。对于一个持有相对数量较小的原材料库存用于生产的公司来说，意料之外的价格下降产生的损失也相对较小。然而，给定一个公司的总资本资源，库存的数量越大，未来价格意料之外的下降将会给公司带来很大的损失。库存的数量可能存在一个临界水平，在这一水平下损失可能会威胁到公司的资信状况，而且超过这个临界水平后，持有这些库存所承担的风险将会稳定增长，所以，出现损失的风险是形成存储成本的部分原因。边际风险成本可能会被假设成恒定的，或者更有可能是库存大小的增函数。

令 S_t 表示 t 期的库存大小，令 $o_t(S_t)$ 表示存储的物理总成本，令 $r_t(S_t)$ 表示风险的总成本，令 $c_t(S_t)$ 表示便利的总收益。所以，总的存储成本 $m_t(S_t)$ 被定义为如下：

$$m_t(S_t) = o_t(S_t) + r_t(S_t) - c_t(S_t) \qquad (4.4)$$

其中，$o_t(S_t)$ 和 $r_t(S_t)$ 都是 S_t 的增函数，其边际成本（导数）可以是恒定的，或者是 S_t 的增函数，$c_t(S_t)$ 也是 S_t 的增函数，但是其边际收益（导数）是 S_t 的减函数，且在某一很大的库存水平上接近于 0。所以，存储的边际成本可以写成如下：

$$m_t'(S_t) = o_t'(S_t) + r_t'(S_t) - c_t'(S_t) \qquad (4.5)$$

存储的边际成本不一定要为正值。当库存的数量相对来说很小时，$c_t'(S_t)$ 将很大；如果 $c_t'(S_t)$ 相对于 $o_t'(S_t)$ 和 $r_t'(S_t)$ 足够大时，存储边际成本将为负数。图 4.2 描述了存储的边际成本与这三个因素的关系。

令 $u_t(S_t)$ 表示 t 期库存的边际收入。在一个竞争性的行业中，$u_t'(S_t)$ 等于 t 期到 $t+1$ 期库存的价格变化。所以，总的期望净收入等于：

为使（4.5）式最大化，需满足如下等式：

$$u_t'(S_t) = m_t'(S_t) \qquad (4.6)$$

在完全竞争和无外部经济的假设下，存储的供给曲线是所有单个边际成本函数的水平加总。因此，如（4.6），将其写成 S_t 的隐函数形式，就可以得到库存的供给曲线：

$$u_t' = g_t(S_t) \qquad (4.7)$$

$$u_t(S_t) - m_t(S_t) \qquad (4.8)$$

3. 均衡状态

使用存储的需求和供给来决定 t 期库存数量的均衡状态，且以价格差为函数。假定未来时期的期望价格对于每个公司来说都是相同的。库存的均衡数量由库存的需求和供给相等来决定：

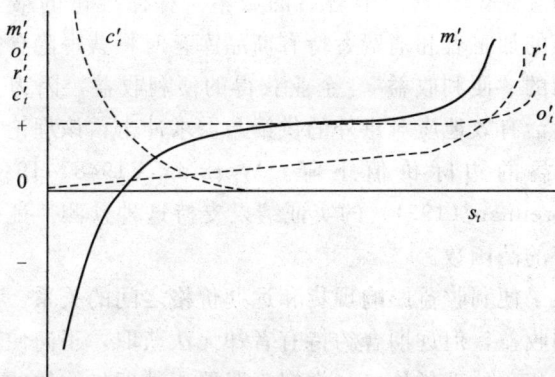

图 4.2　库存的供给曲线

$$u'_t = EP_{t+1} - P_t \tag{4.9}$$

其中，EP_{t+1} 表示 $t+1$ 期的期望价格，且 P_t 假设为已知的。运用（4.3）和（4.7），（4.8）可以被写成如下：

$$g_t(S_t) = Ef_{t+1}(S_t + X_{t+1} - S_{t+1}) - f_t(S_{t-1} + X_t - S_t) \tag{4.10}$$

一个两时期的均衡模型如图 4.3 所示。DD，$D'D'$，$D''D''$ 是库存需求曲线；CC 是库存供给曲线。如果 DD 是 t 期的需求曲线，均衡的价格差将会是 OR，库存的均衡数量为 OL。如果 t 期的产量和 $t+1$ 期的预期的产量将要改变，需求曲线将会移动。例如，如果产量在 t 期的商品产量下降，那么 $t+1$ 期商品的产量预期将会增加或者库存数量将会下降。需求曲线将会移动到 $D''D'$，均衡的期望价格差 OQ 将是负的，同时商品库存的期望数量将是 OK。

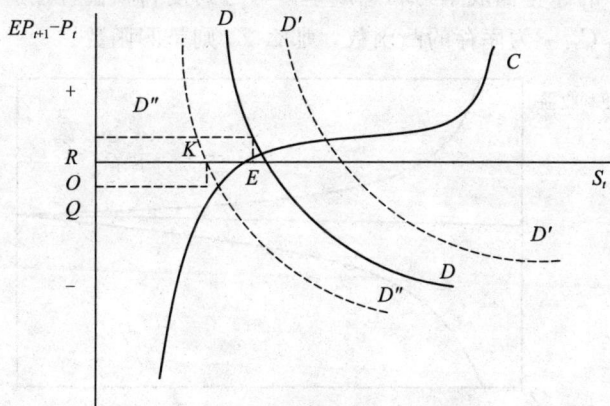

图 4.3　两时期的均衡模型

关于存储理论，共有两个著名的版本。存储理论的第一个版本认为，一个商品的加工者和消费者持有商品库存时将获得隐含收益，这种好处就是所谓的"便利收益"。企业获得的便利收益，因为手头库存允许他们更加灵活有效地应对意外的供给与需求冲击，该理论认为库存增加时便利收益的边际价值下降。Working（1948，1949），Telser（1958），和Brennan（1991）的实证结果支持这种预测。证据表明，便利收益是库存的凸函数。

套利保证了便利收益影响现货和远期价格之间的关系。库存持有者可以赚取便利收益，但远期合约持有者却无法获取，正向便利收益降低了与远期价格相关的现货价格，类似于股票指数期货合约的红利。在形式上，F_t代表时间T商品合约到期时的远期或者期货价格，S_t代表时间t的现货价格，且$T > t$，$w_{t,T}$等于从时间t到T的物理持有成本，$r_{t,T}$为在时间T到期的贴现债券在时间t的贴现率。最后，假定便利收益为$C_{t,T}$，则现货价格与远期价格的无风险套利关系为：

$$F_t - w_{t,T} = S_t\, e^{(r_{t,T} - C_{t,T})(T-t)} \qquad (4.11)$$

因此，便利收益上升会引起与现货价格相关的远期价格下降，有证据表明$C_{t,T} \geqslant 0$，如果小于零，那么投机者可以通过卖出远期合约、买入商品直至到期获得套利利润。现货与远期价格关系式通常利用利率与持有成本来调整价差，定义为：

$$Z_t = \frac{\ln(F_t - w_{t,T}) - \ln S_t}{T-t} - r_{t,T} = -C_{t,T} \leqslant 0 \qquad (4.12)$$

调整后的价差等于时间t的远期与现货之间年化收益率差，以及从时间t到T的净存储成本与利息成本。考虑到便利收益直接追随库存的变化，既然$C_{t,T}$为库存的凸函数，那么Z_t则是凹函数。

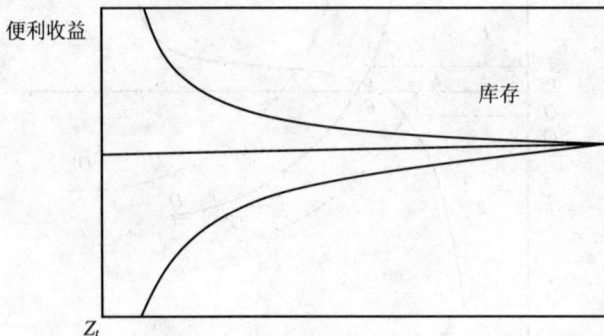

图 4.4　便利收益与库存之间的关系

存储理论的第二个版本不依赖便利收益结构但 Z_t 与库存的关系相似。Bresnahan & Spiller（1986），Williams & Wright（1989，1991），Deaton & Laroque（1991）暗示 Z_t 是随着库存增加的凹函数，即便生产商与市场参与者没有从持有库存中获得隐含收益，这是因在远期合约到期之前库存可能出现中断从而便利收益与库存成反比。当库存中断时，现货价格高于期货价格（经持有成本调整），因为在这种情况下，不可能进行跨期套利交易，套利者无法增加当前的消费与未来的生产。相反，现货价格上涨是为了平衡现货市场的供应和需求。因此，当库存下降，库存断货的概率增加，Z_t 是下降的。这种替代存储的理论暗示了跨时间消耗最优化与存储的非负性约束，而非明确的便利收率解释近远期价差与库存之间的关系。

如果以两个不同到期日的期货价格差或者是期货价格与现货价格之差作为两个到期日之间持有存货得到的收益的话，人们会直观地认为只有在价格差为正值的时候，人们才会持有存货。但是，与人们的直观相悖的是，当价格差为负值的时候，市场上的存货水平并非为零，只不过是要小于价格差为正值的存货水平罢了。对这种直观的理解与市场现象不一致，Working 通过存储价格理论清楚地表明，当市场上存在对冲交易时，存储行为确实会在一个竞争决定的、保证性的（存储）收益水平上发生。Brennan 在存储成本与存货的便利收益基础上引入了存储风险溢价，对存储价格理论进行一般化以弥补其不足，试图对所有的，包括那些交易不活跃的期货做出解释。Wright & Willianms 运用 Scheinkmany & Schechtman（1983）不确定条件下投资局部均衡理论模型，对价差小于全部持有成本时依然持有存货这种市场普遍现象做了解释，认为如果存在两种或两种以上可以通过某种途径相互转化并替代商品，那么当这几种商品被笼统地当做一种商品看待时，自然会出现某种商品价格差为负值而这几种商品存货水平依然为正值的情形。相反，如果将这几种商品做出明确细分，那么将会观察到某种商品价格为负值而另外一种商品的存货水平的存货水平不为零的现象，从而将 Working 的存储理论进一步完善。

4.2.2 风险溢价理论

学术界对风险溢价有两种定义：一是期望的风险溢价，二是实现的风险溢价。假设 S_t 是第 t 日的现货价格，F_{t+D} 表示第 $t+D$ 日交割的期货价格，S_{t+D} 表示第 $t+D$ 日交割的现货价格，$E_t(.)$ 示第 t 日的期望，第 t 日的交割日为 $t+D$ 的期货的风险溢价：

$$RP^*_{t,\,t+D} = F^*_{t,\,t+D} - E_t(S_{t+D}) \tag{4.13}$$

在第 t 日，S_{t+D} 不可观测，此时需要假设现货价格过程，因此现货价格的假设是否合理变得非常关键，各现货价格模型中往往存在各种问题。实现的风险溢价为：

$$RP_{t,\,t+D} = F^*_{t,\,t+D} - E_t(S_{t+D}) \tag{4.14}$$

理论上分析期货风险溢价的决定因素通常有两种，一种是对冲压力，一种是系统性风险。商品期货进入主流投资仅仅十年左右，但有关商品期货风险溢价的存在和来源的激烈争论，自 20 世纪 30 年代以来一直存在。对商品期货风险溢价来源的第一个假设是 Keynes（1930）提出的风险溢价假说，认为套期保值者应该为承担风险的投机者提供补偿。如果套期保值者倾向于持有空头头寸，而投机者倾向于持有多头头寸，那么期货价格会低于未来期望的现货价格。这是因为投机者因承担风险而会索取收益，只在平均看来会产生盈利时才会进行交易，套期保值者平均来说会有损失，因为期货可以规避风险，所以对冲者更容易接受这个事实。Keynes 认为，寻求降低风险的交易者，如农户，其目的在于锁定未来的收益，投机者参与交易的动机则在于获得期货与现货价格之间的价差。为吸引他们购买期货合约，农户只能以较低的期货价格出售自己的产品，让渡一定的风险报酬给投机者，Keynes 将这一风险报酬叫做交割延期费。在 Keynes "现货溢价" 的基础上，Hicks（1939）提出了资金的流动性偏好理论，Hicks 认为，为稳定未来的资本金供给，资金的借方总是希望借贷期越长越好；而资金的贷方为避免未来收益的不确定性则希望借贷期越短越好，期限越长资金流动性越差。投机者的存在弥合了资金借贷与供求在期限长短上的错位，他们借短而贷长，同时索求相应的期限溢价以补偿损失的资金流动性与所承担的风险。自然地，期货商品的收益水平隐含的远期利率高于未来短期债券的预期即期利率，两者之间的差额就是所谓的期限风险溢价。

Houthankker（1957）研究了 1937—1957 年小麦、棉花以及玉米的期货价格，结论表明在研究期间持有多头头寸可以获得明显的利润，从而支持了 Keynes（1930）的观点。而 Telser（1958）在一篇经典的文章里，检验了 1926 年至 1954 年之间棉花和小麦期货市场，结果没有发现 Keynes（1930）提出的 "风险溢价" 现象，而更支持期货价格是未来现货价格无偏估计的观点。Cootner（1960）则对 Telser（1958）检验的两个商品期货品种进行实证研究，得出了与 Telser（1958）完全不同的结论，支持 Keynes（1930）和 Hicks（1939）的"风险溢价理论"。从 Carter 等（1983）、Chang（1985）与 De Roon 等（2000）解释了对不可分散风险的补偿，实证结果支持 Keynes（1930）的现货溢价假说。

自从 Keynes 提出这一理论之后，学者们致力于"现货溢价"参数计算与检验工作。然而，很多实证研究仅仅验证了极少数商品在短期之内的情况。在更多的情况下，不同的方法会有不同的结果。

4.2.3　对冲压力理论

风险溢价理论最终由几位学者扩展成基于广义对冲压力平衡假设，如 Working（1949）与 Brennan（1958）将期货价格与存储、库存而非风险转移联系起来。Hirshleifer（1989，1990）认为非参与效应导致对冲压力影响商品期货的风险溢价。Hirshleifer（1990）的主要贡献是将交割延期费、Keynes 的主要观点、降低对冲者的对冲压力与期货溢价、Working（1949）的主要观点、提高对冲者的对冲压力，对对冲压力的测量倾向于净多头，因此，Hirshleifer（1990）广义的对冲压力假说综合了 Keynes（1930）和 Working（1949）的观点。Robert H. Litzenberger 与 Nir Rabinowitz（1995）检验了 1984 年 2 月到 1992 年 4 月的原油期货数据发现期货价格低于现货价格，结论显著支持 Keynes（1930）提出的风险溢价假说。早期对对冲压力假设的实证集中在将商品对冲压力作为期货价格的一个决定因素（Houthakker，1957；Cootner，1960；Chang，1985；Bessembinder，1992）。随后的金融理论上的创新又导致整个问题变得更加复杂。风险只有在不可分散时才有这一意愿，因为只有这时才能被定价。因此，竞争性的投机者只有在他们持有的头寸与市场的某一个投资组合具有完全的相关性时，才能够要求获得风险贴水。Dusak（1973）发现，粮食期货市场遵循 CAPM，即粮食期货的平均收益与平均 Beta 系数均等于零。Bodie 和 Rosansky（1980）经过观察和分析 1949—1976 年 23 种商品期货的数据却发现一个与 Hicks 的观点相反的结论：在 23 种商品期货中，只有一种的平均收益是负的，尽管这种期货商品的 Beta 系数非常显著，其余商品的平均收益均为正值。这个结论对 Keynes 的现货溢价提供了强烈支持。

传统的资本资产定价模型，如 CAPM 模型是建立在市场是完善的假设上，在此基础上认为资产的风险溢价仅仅与系统性风险有关，然而这种市场是不完善的，小小的交易成本也可以成为阻碍资产充分流动的障碍。Hirshleifer（1988）认为，市场至少存在两个不完善的表现：有一些权利不能够在市场上进行交易，它们是非市场化的；交易者参与期货市场面临进入障碍，并不是所有的外部潜在交易者都可以进入期货市场成为投机者承担对冲风险。在这两个前提下，他认为，当期货市场达到供求均衡时，期货风险溢价不仅仅取决于系统性风险，也取决于对冲风险，而且对冲风险溢价的符号取决于对冲压力的符号。之后，Bessembinder（1992），Roon（2000），Wang（2002）实证支持 Hirshleifer 的观点。Hart & Kreps（1986），Stein（1987）所认为的投机者会破坏市场的稳定这一说法被他的发现即投机者采用反向反馈策略和好的投资表现推翻，也就是说，按照 Wang（2002）的观点，投机者事实上起到了稳定市场的作用。

最近的研究集中在对冲压力作为一种系统性风险因子所产生的作用。与 Anderson & Danthine（1981）的研究类似，Roon 等人（2000）发现跨商品对冲压力影响单个商品期货风险溢价，Acharya 等人（2010）指出系统性对冲压力效应能够提升投机者风险承担能力。Hamilton & Wu（2014）认为商业生产者与金融投资者运用期货对冲大宗商品价格风险，套利者将获得非分散风险正收益的补偿，这种相互作用可以产生仿射因素结构，采用非平衡数据集来估计这些模型，实证结果发现自 2005 年以来的原油期货风险溢价出现显著变化：对多头头寸补偿平均来说越来越少，印证了指数基金投资在商业对冲决定原油期货风险溢价结构的作用越来越明显。

4.3　金融化背景下传统定价理论存在不足

20 世纪以来，大宗商品现货的定价理论主要集中在劳动价值论、边际效用论、古典经济学的一般均衡分析以及信息博弈分析；期货定价理论主要集中在存储理论、现货溢价、对冲压力与风险溢价理论。前者本质上是研究商品现货价格如何决定，后者则研究期货与现货价格之间的关系。对冲压力与风险溢价解释了期货价格主要取决于对冲风险。有关存储理论，后人通常是在前人基础上不断完善。在现货溢价问题上，至今尚未形成一个公认的理论框架。仓储价格理论、风险溢价理论主要是从无套利均衡的角度来探讨期货价格的决定问题。综合来看，大宗商品定价经历了从解释现货价格到无套利均衡价格的转变，所有的理论几乎都隐含了一个假设前提：期货价格由现货价格决定。然而，事实并非如此。最近十年，大量金融投资者进入商品期货市场甚至现货市场。与个人散户、产业投资者相比，金融投资者在全球信息、资金规模、人才团队方面具有绝对优势，且与市场上权威的卖方研究机构关系密切，对宏观经济走势、大类资产配置、事件冲击往往有着相似的判断，对大宗商品期货价格走势的判断也更多基于宏观经济走势而非单个商品的供给与需求，给商品市场增加了一层金融属性，期货并非严格按照现货来定价，相反，现货跟随期货价格波动的现象越来越明显。在大宗商品金融化的背景下，金融投资者对大宗商品价格的影响越来越大，从传统现货定价理论如古典经济学的一般均衡分析框架得出的价格往往不是真实的市场价格，也就是说，仅仅分析单个商品的供给与需求，很难解释大宗商品的价格波动。

举例来说，从贸易的角度看，商品现货价格大都由期货价格来决定。当前大宗商品国际贸易定价机制分为两种：一种是依赖于点价交易大宗商品，某一段时间内期货市场价格加上升贴水作为贸易的最终结算价格，如 NYMEX 石油、LME 有色、COMEX 贵金属、CBOT 大豆；另外一种是谈判协商确定价格的大宗商品，如铁矿石定价机制主要是：每年年初由控制全球 80% 的铁矿石资源的世界三大矿业巨头淡水河谷（CVRD）、力拓（RioTinto）和必和必拓（BHPBilliton）分别与各国最大的钢铁企业进行谈判而成。2013 年 10 月 18 日，中国大连商品交易所上市了铁矿石期货，使铁矿石具备了一定的金融属性，点价贸易成为可能。

从市场微观结构看，大宗商品期货交易主体是投机者、套期保值者、金融投资者，相互影响期货价格走势。投机者是一般意义上的散户，他们缺乏信息优势，主要依靠技术分析、个别消息以及经验作为交易依据，这类投资者在欧美发达国家占比较低。套期保值者主要是运用衍生品工具来对冲价格波动风险，是实物商品的买者或卖者，如产业资本。金融投资者的交易策略有两者：一种是买入并持有方向性头寸，获取一个类似于股票市场的收益；一种是追求更加复杂多样的组合投资策略，这些策略的特点是广泛使用各种金融工具，做空与高杠杆并存，如对冲基金。过去很长一段时间，在中国，由于证监会管制的原因，以证券、基金、保险为代表的金融投资者并未参与大宗商品期货市场，形成了以散户占主导的投资者结构。最近几年的创新业务不断推出，随着公募基金、对冲基金、期货公司参与商品期货市场管制的放松，金融投资者权益占比正在迅速提高，而一般意义上的散户投机者权益正在萎缩。金融投资者在信息、研究、技术、资金方面具有显著优势，把商品期货更多当成一类资产，并采取复杂多样的交易策略如基本面对冲、宏观对冲、方向性组合投资等方式参与交易，并不真正参与市场的到期交割，作为市场的主要参与者之一，其交易行为必将对大宗商品的定价机制产生一系列深远的影响。

在金融化背景下，大宗商品期货价格机制是如何形成的？金融参与者引起价格波动或过度波动，有没有对均衡价格产生持久的影响？该价格最终真正驱动因素是什么？投机者、套期保值者与金融投资者对期货价格有什么样的影响？接下来有必要从理论定价模型进一步深入探讨。

4.4　基于异质代理人的金融化定价模型

商品价格受供需基本面和金融化因素的影响，然而后者的影响程度难以精确量化，金融投机对商品价格上涨是否承担主要责任在学术界仍然存在争议。如 Redrado，Carrera，Bastourre & Ibarlucia（2009），Dwyer，Gardner & Williams（2012），Basak & Pavlova（2013）认为金融投资者能够影响一些商品价格的短期价格动态，商品价格水平和波动率主要由其基本面决定。然而，Tang & Xiong（2012）认为在金融化过程中，单个商品的价格不仅仅是由供给和需求决定的。相反，价格由一系列金融因素决定：如金融资产的风险偏好、商品指数投资者的多样化投资行为。金融投资者掌握的基本面信息不如产业投资者（套期保值者），交易策略更加复杂多样，如宏观对冲、方向性投资、量化投资、程序化交易，等等，与一般意义上的基本面分析派、技术分析派不一样的是，金融投资者在宏观面具有天然的信息优势与研究能力。Redrado（2009）提出了异质性代理人理论模型，与原有模型不一致的是，本书引入了基于宏观面影响因素的预期调整，认为金融投资者扮演宏观面、基本面、技术面代理人的角色，从而推导出参与者异质性定价模型。

假定大宗商品期货价格下期变化是由三种不同的代理人相互决定，即基本面分析派（F）、技术分析派（C）和金融投资者（J），如下面的表达式：

$$\Delta P_{t+1} = a_1 E(\Delta P_{t+1}^C) + a_2 E(\Delta P_{t+1}^F) + a_3 E(\Delta P_{t+1}^J) \quad (4.15)$$

其中 $E(\Delta P_{t+1}^C)$，$E(\Delta P_{t+1}^F)$ 和 $E(\Delta P_{t+1}^J)$ 是每个代理人价格变化的期望，a_1、a_2、a_3 是测量每个组的相对重要性的固定权重。

基本面分析派的期望基于商品价格回归于其长期均衡的概念。具体的表示是：

$$E(\Delta P_{t+1}^F) = -\alpha(P_t - F_t(X_t)) \qquad \alpha > 0 \qquad (4.16)$$

其中，F_t 是商品（或相关商品价格指数）在时间 t 的基本面价格。这个价格是变量 X_t 的向量函数，X_t 代表基本面因素，如现货商品的需求与供给。

根据模型（4.16），当前价格比基本面价格高（低）时，基本面分析派期望降低（提高）价格。因此，他们很容易以反周期的方式出售或购买商品。本模型没有必要去假设基本面分析派知道该商品确切的长期均衡价值，相反，可以认为他们能够取得这种均衡的一致估计。例如，可以假定，考虑到参数真实值的不确定性，这些代理人对真实模型的掌握其实并不完美，但是基于计量经济学回归建立他们的期望没有系统误差（Bray & Savin，1986；Fourgeaud 等人，1986）。

相反地，技术分析派通常采用技术分析并且跟随当前的价格趋势，价格形成路径为：

$$E(\Delta P_{t+1}^C) = \delta(P_t - P_{t-1}) \quad \delta > 0 \qquad (4.17)$$

每一次价格上涨，这些代理人会成为在大宗商品中的多头，因为他们预计这一趋势将持续下去，市场上大部分基于图标的趋势交易者、程序化交易者的行动基本一致。

简单模型的关键因素是加入了被认为具有宏观优势的金融投资者，在这个意义上，他们除了知道其他的市场参与者预期的形成方式，还具有宏观经济周期下大类资产配置与对冲的能力。金融投资者 J 调整了自己的预期，综合技术分析派、基本面分析派、宏观面分析派，形成更加复杂的多样化投资策略：

$$E(\Delta P_{t+1}^J) = (1 - w_{t,1} - w_{t,2})E(\Delta P_{t+1}^C) + w_{t,1}E(\Delta P_{t+1}^F)$$
$$+ w_{t,2}E(\Delta P_{t+1}^M) \qquad (4.18)$$

其中，$0 \leqslant w_t \leqslant 1$，$E(\Delta P_{t+1}^M) = -\beta(P_t - M_t(Y_t))$，$M_t$ 是商品（或相关商品价格指数）在时间 t 的宏观面价格。这个价格是变量 Y_t 的向量函数，Y_t 代表宏观面因素，如宏观经济走势、货币供给与流动性、汇率等因素。最为重要的是，控制每种类型期望的变量 w_t 在时间 t 起了关键作用。假设 w_t 根据过去的偏差大小产生内生性的调整。因此，w_t 将非线性引入了该模型，假定服从指数函数：

$$w_{t,1} = 1 - \exp\left[-\gamma(P_{t-d} - F_{t-d}(X_{t-d}))^2\right] \quad \gamma > 0, \; d \geqslant 0$$

$$(4.19)$$

$$w_{t,2} = 1 - \exp\left[-\theta(P_{t-d} - M_{t-d}(Y_{t-d}))^2\right] \quad \gamma > 0, \; d \geqslant 0$$

$$(4.20)$$

等式（4.19）、（4.20）形式后面的直觉是，实际价格和基本面、宏观面价格之间的间隙（滞后 d 个周期），是金融投资者用于分配给 F、M 和 C 代理人的期望权重的决定因素。当 $F_{t-d} \cong P_{t-d}$ 且 $M_{t-d} \cong P_{t-d}$，w_t 会显示一个很小的值，以鼓励金融投资者技术分析的行为。在极限情况下，当 $F_{t-d} = P_{t-d}(w_t = 0)$ 且 $M_{t-d} = P_{t-d}(w_t = 0)$，价格的变化重新表示为：

$$\Delta P_{t+1} = (a_1 + a_3)E(\Delta P_{t+1}^C) = (a_1 + a_3)\delta(\Delta P_t) \quad (4.21)$$

模型（4.15）建议采用纯粹的自回归的进行实证，将等式（4.16）—等式（4.21）替换模型（4.15），即：

$$\Delta P_{t+1} = [a_1 + a_3(1 - w_{t,1} - w_{t,2})]E(\Delta P_{t+1}^C)$$
$$+ (a_2 + a_3 w_{t,1})E(\Delta P_{t+1}^F) + a_{3w_{t,2}}E(\Delta P_{t+1}^M)$$

$$(4.22)$$

只要 F_{t-d}、M_{t-d} 与 P_{t-d} 之间差值扩大，金融投资者开始削弱这种错误定价。即误差越大，他们给 F 与 M 的期望的比重越大。再次，在极端的情况 $\exp(-\gamma(P_{t-d} - F_{t-d}(X_{t-d}))^2) \to 0$ 或者 $\exp(-\theta(P_{t-d} - M_{t-d}(Y_{t-d}))^2) \to 0$，因此 $w_{t,1} = 1$ 或者 $w_{t,2} = 1$，价格的决定机制将会发生一些改变。

当 $w_{t,1} = 1$ 或者 $w_{t,2} = 0$ 时，模型（4.22）变为：

$$\Delta P_{t+1} = a_1\delta(\Delta P_t) - (a_2 + a_3)\alpha(P_t - F_t(X_t)) \quad (4.23)$$

当 $w_{t,2} = 1$ 或者 $w_{t,1} = 0$ 时，模型（4.22）变为：

$$\Delta P_{t+1} = a_1\delta(\Delta P_t) - a_3\beta(P_t - M_t(Y_t)) \quad (4.24)$$

参数 γ、θ 与模型相关，金融投资者通过 w_t 变量调整他们期望的速度。如果 γ 足够高时，即使一个小小的偏差也将使金融投资者与基本面派一样形成期望；如果 θ 足够高时，即使一个小小的偏差也将使金融投资者与宏观面派一样形成期望。

商品价格变化的一般式可以由将等式（4.16），（4.17），（4.18），

(4.19)，(4.20) 替换为模型（4.22）并重新整理：

$$\Delta P_{t+1} = (a_1 + a_3(1 - w_{t,1} - w_{t,2}))\delta\Delta P_t - (a_2 + a_3 w_{t,1})\alpha(P_t - F_t(X_t))$$
$$- a_3 w_{t,2}\beta(P_t - M_t(Y_t)) \tag{4.25}$$

因此，我们研究的理论模型显示，价格动态取决于几个因素，包括自回归项以及线性误差修正系数，以及非线性的因素。从长期来看，驱动商品期货价格的关键因素仍然是供需基本面以及宏观经济、金融因子。金融投资者一个显著的特征是其投资更加关注宏观经济、金融因子而非单个商品的供需，换句话说，宏观基本面与供需基本面一样起到了重要作用。如果将宏观经济预期纳入基本面框架，随着金融投资者参与的深度与广度加大，相比自身供求基本面，宏观基本面的影响权重越来越大，这意味着商品供需基本面对大宗商品的影响正在弱化，而基于技术分析派的程序化交易者、主观交易者本身并不太关注商品市场的基本面，但也会增加市场的短期波动率，从而降低商品价格与基本面的相关性。同时，市场参与者的异质性预期是均衡价格调整的主要原因。

4.5　基于宏观基本面的大宗商品期货定价模型

假设商品不可储存并且在国际上可以自由交易。不可储存性假设是为了简单起见，因为商品存储特性可以通过套利条件和金融收益来影响价格动态，但并不改变对商品基本面的识别。假设此处有四个国家，第一个是最大的商品进口商，另一个是次大的商品进口商，第三个是商品供应国，第四个是国际储备货币国家，全球大宗商品主要以该国货币计价。大宗商品宏观基本面主要包括宏观经济（总需求）、货币政策与流动性、汇率，暂不考虑财政政策以及其他相关产业政策。由于运用动态随机一般均衡模型来构建宏观变量与大宗商品期货价格的动态作用机制相对困难，本书在 Borensztein & Reinhatr（1994）的框架下，引入了货币市场，探讨局部均衡即货币市场与产品市场均衡下的大宗商品宏观定价模型。

4.5.1　商品的需求

商品的需求量通常表述为用于生产最终产品的投入需求。假设两个国家有商品需求：中国和次大的进口商，次大的进口商是其他所有商品需求国的集合体。这两个国家中的生产都符合 Cobb-Douglas 公式，通过对偶符合该公式的成本函数如下：

$$C(y, q, \omega) = yA \, q^a \Omega \qquad (4.26)$$

其中 y 是中国的产出水平，q 为大宗商品价格与中国产出价格的比值，A 是一个常数。Ω 表示其他成本投入，数量上等于实际价格函数的乘积，即：

$$\Omega = \Pi \, \omega_i^{\beta i} \qquad (4.27)$$

其中 ω_i，$i = 1$，…，N，表示其他所有投入生产的实际产品价格。类似的，次大的进口商的成本函数由下式给出：

$$(y^*, q, R, \omega^*) = y^* \, A^* \, (qR)^a \, \Omega^* \qquad (4.28)$$

其中 R 是中国产出与次大商品进口国的价格比值（人民币的实际汇率），标星号的变量与中国有相同的定义，条件因子需求可以通过对成本函数求偏导来实现。因此，中国和次大商品进口国的需求可以通过成本函数求偏导获得：

$$D(y, q, \omega) = \frac{\partial C}{\partial q} = yA\alpha \, q^{a-1} \Omega \qquad (4.29)$$

$$D(y^*, q, R, \omega^*) = \frac{\partial C^*}{\partial q} = y^* \, A^* \, \alpha \, q^{a-1} \, R^{a-1} \, \Omega^* \qquad (4.30)$$

4.5.2　供给与市场出清

作为供应商的发展中国家，其大宗商品的产出和出口，在某时间点被假设是固定的。考虑到大宗商品供应商所处经济环境迥异，本模型框架并不构造商品的总供给函数。此外，过去的研究曾在内生供应中取得了有限的成功。例如，一些发展中国家供给增长的一个原因就是 20 世纪 80 年代的债务危机，迫使他们在其他国家调整中提高商品出口的收益。Gilbert（1989）试图通过将偿债比率作为发展中国家商品价格的一个解释变量来捕捉这种效应，效果并不明显。此外，近年来技术进步在促进商品供应增长中起到了关键的作用，但在很大程度上不可观测，也很难在经验上量化，本框架将商品供给视为外生变量。大宗商品价格将由进口商国家与出口商国家来共同决定：

$$Q = D + D^* \qquad (4.31)$$

为了避免不便的非线性，假设这两国商品需求的相对份额保持不变，即：

$$\frac{D}{D + D^*} = \lambda, \quad \frac{D^*}{D + D^*} = 1 - \lambda \qquad (4.32)$$

除了产品市场实现均衡外，假设中国货币市场满足均衡条件：

$$\frac{M}{P} = ky - hr \qquad (4.33)$$

其中，M 代表货币供给，P 代表产出价格水平，r 代表利率，k，h 为常数，于是，由大宗商品的总供给等于总需求可以求出市场出清大宗商品价格：

$$\log q \equiv \varnothing + \frac{1}{1-\alpha}(\lambda \log y + (1-\lambda)\log \dot{y}^{*}) - (1-\lambda)\log R - \frac{1}{1-\alpha}\log Q$$

$$(4.34)$$

其中，$y = \frac{M}{kp} + \frac{hr}{k}$；$\varnothing$ 包括常数项以及其他生产因素项。

模型（4.34）是商品市场局部均衡的规范式，本模型将商品供给 Q、汇率 R、总 $C\lambda \log y + (1-\lambda)\log y^{*}$ 视为外生变量，而在一般均衡的表示应详细说明商品供给 Q、实际汇率 R 和产出水平的内生决定因素。这些变量将由总需求情况、要素市场均衡、两国政府政策以及其他商品生产国的政策来决定。

4.6　大宗商品基本面金融化
宏观定价模型的实证分析

4.6.1　引言

上一节我们分析了基于异质代理人的金融化定价模型，随着宏观对冲基金等机构投资者的兴起，基于宏观面而非供需面的价值中枢判断使基本面逐步金融化，我们推导了局部均衡条件下的宏观定价模型。影响大宗商品走势的宏观经济、金融因素很多，国外学者如 Belke，Bordon & Hendricks（2010）将其总结为货币政策与流动性、利率、美元指数；国内学者如韩立岩、尹力博（2012）选择涵盖美国与中国实体经济"国际投机因素"，商品期货市场供需与库存状态的 532 个经济指标，试图找出到底是实际需求还是投机行为。这些研究在变量选取上存在诸多问题：要么忽略需求因素，只探讨货币政策与流动性对大宗商品价格走势的影响；要么选择的变量过多，通过因子分析法将寻找主成分因子，其背后隐含的经济逻辑值得商榷。例如简单用产量和消费量作为供求基本面是极不合适的，因为产量与消费量绝对数值无法直接表明供给与需求的紧张程度。为了克服这种分析的不足，接下来充分借鉴 4.4 节、4.5 节的经济理论模型以及投资经验来选择核心变量，在变量之间的动态关系估计上，在非结构性方法中引入结构性关系进行估计。

4.6.2　不考虑供需基本面条件下的大宗商品金融化实证分析

1. 数据与计量模型

（1）数据选取

本章选取宏观经济、货币供给量、汇率作为影响大宗商品价格走势的金融化因子。事实上，投资者对宏观经济走势的预期会影响大宗商品价格走势，为简单起见，我们用领先指标来替代宏观经济预期。美国、欧元区、日本、中国经济总量占全球经济总量三分之一强，基本上能够代表全球宏观经济以及货币政策取向。宏观经济通常用 PMI 来代表，每项指标均反映了商业活动的现实情况，综合指数则反映制造业或服务业的整体增长或衰退，所以 PMI 已成为监测经济运行的及时、可靠的先行指标，也是金融机构最为关心的一个宏观经济指标之一。2005 年以前欧元区、日本、中国 PMI 数据缺失，所以本书用 OECD 领先指标来替代 PMI 指标，代表对大宗商品的总需求水平。全球宏观经济用主要发达经济体 OECD 领先指标加权而成；全球货币供给增速用汇率调整后的主要发达经济体货币供给总量 M2 加总计算而成。所有的宏观数据均来自于 Wind 数据库，大宗商品板块及品种基础价格指数来自文华财经，部分板块指数是通过品种指数加权而成，样本区间是 2000 年 1 月 1 日到 2014 年 7 月 31 日。为了保持数据的平稳性，模型中所用的数据均取对数。

（2）模型建立

Sims（1980）将 VAR 模型引入到经济学中，推动了经济系统动态性分析的广泛应用，该模型通常用于时间序列及随机扰动对变量系统的动态冲击，从而解释各种各样经济冲击对经济变量形成的影响，但 VAR 模型中变量之间的档期关系没有直接给出，并且存在参数过多的问题，计量经济学家们提出了很多改进方法，通过对参数空间施加约束条件，从而减少所估计的参数。VAR 模型的一般表达式是：

$$y_t = A_1 y_{t-1} + \cdots + A_p y_{t-p} + B x_t + \varepsilon_t \quad t = 1, 2, 3, \cdots T$$

(4.35)

其中，y_t 是 k 维内生变量向量，x_t 是 d 维外生变量向量，P 是滞后阶数，T 是样本个数，展开为：

$$\begin{bmatrix} y_{1t} \\ y_{2t} \\ \vdots \\ y_{kt} \end{bmatrix} = A_1 \begin{bmatrix} y_{1t-1} \\ y_{2t-1} \\ \vdots \\ y_{kt-1} \end{bmatrix} + A_P \begin{bmatrix} y_{1t-p} \\ y_{2t-p} \\ \vdots \\ y_{kt-p} \end{bmatrix} + \cdots + B \begin{bmatrix} x_{1t} \\ x_{2t} \\ \vdots \\ x_{kt} \end{bmatrix} + \begin{bmatrix} \varepsilon_{1t} \\ \varepsilon_{2t} \\ \vdots \\ \varepsilon_{kt} \end{bmatrix}, \ t = 1, 2, 3, \cdots T$$

$$(4.36)$$

为了表达方便，下面考虑 VAR 模型是不含外生变量的限制向量自回归模型，用 A 表示系数矩阵，则上式变为：

$$A(L) y_t = \varepsilon_t \tag{4.37}$$

如果行列式 $\det [A(L)]$ 的根都在单位元外，则式（4.35）满足平稳性条件，则可以将其表示为无穷阶的向量平均 VMA（∞）形式：

$$y_t = C(L) \varepsilon_t, \ C(L) = C_0 + C_1 L + C_2 L^2 + \cdots, \ C_0 = I_k$$

$$(4.38)$$

即含有 K 个时间序列变量的 VAR（p）模型由 K 个方程组成。然而，VAR 模型并没有给出变量之间当期关系的确切形式，即在模型右端不含内生变量的当期值，模型中的误差项 ε_t 是不可观测的，可以被看作是不可解释的随机扰动。经济变量之间没有给出明确的结构性关系，是 VAR 模型尤其是无约束条件 VAR 模型的一个不足，而 Amisano & Giannini（1997）系统总结了 SVAR 模型的设立、识别、估计以及应用等内容，该模型可以解决参数过多的问题以及当期关系，多变量 SVAR 模型如下：

$$B y_0 = \Gamma_1 y_{t-1} + \cdots + \Gamma_p y_{t-p} + B x_t + u_t t = 1, 2, 3, \cdots T$$

$$(4.39)$$

其中，

$$B_0 = \begin{bmatrix} 1 & -b_{12} & \cdots & -b_{1k} \\ -b_{21} & 1 & \cdots & -b_{2k} \\ \vdots & \vdots & \ddots & \vdots \\ -b_{k1} & -b_{k2} & \cdots & 1 \end{bmatrix}, \ \Gamma_i = \begin{bmatrix} \gamma_{11}^{(i)} & \gamma_{12}^{(i)} & \cdots & \gamma_{1k}^{(i)} \\ \gamma_{21}^{(i)} & \gamma_{22}^{(i)} & \cdots & \gamma_{2k}^{(i)} \\ \vdots & \vdots & \ddots & \vdots \\ \gamma_{k1}^{(i)} & \gamma_{k2}^{(i)} & \cdots & \gamma_{kk}^{(i)} \end{bmatrix},$$

$$u_t = \begin{bmatrix} u_{1t} \\ u_{2t} \\ \vdots \\ u_{kt} \end{bmatrix}$$

$$t = 1, 2, 3, \cdots P$$

可以将上式写成滞后算子形式：

$$B(L)y_t = u_t, \quad E(u_t u_t') = I_k \qquad (4.40)$$

其中，$B(L) = B_0 - \Gamma_1 L - \Gamma_2 L^2 - \cdots \Gamma_P L^P$，$B(L)$ 是滞后算子 L 的 $k \times k$ 的参数矩阵，$B_0 \neq I_k$。假设结构式误差项 u_t 的方差-协方差矩阵标准化为单位矩阵 I_k。同样，如果矩阵多项式 $B(L)$ 可逆，可以表示出 SVAR 的无穷阶的 VMA（∞）形式：

$$y_t = D(L)u_t \qquad (4.41)$$

其中，$D(L) = B(L)^{-1}$，$D(L) = D_0 + D_1 L + D_2 L^2 + \cdots$，$D_0 = B_0^{-1}$

式（4.41）通常称为经济模型的最终表达式，因为其中所有内生变量都表示为 u_t 的分布滞后式。而且结构冲击 u_t 是不可直接观测得到，需要通过 y_t 各元素的相应才可以观测到。

所以

$$C(L)\varepsilon_t = D(L)u_t \qquad (4.42)$$

上式对任意的 t 都是成立的，成为典型的 SVAR 模型，由于 $C_0 = I_k$，可得：

$$D_0 u_t = \varepsilon_t \qquad (4.43)$$

两端平方取期望，可得：

$$D_0 D_0' = \sum \qquad (4.44)$$

通过 D_0 施加约束来识别 SVAR 模型。

以 AB 型为例，假定 A、B 是 $k \times k$ 的可逆矩阵，A 矩阵左乘式（4.37）形式的 VAR 模型，则得：

$$AA(L)y_t = A\varepsilon_t \quad t = 1, 2, 3, \cdots T \qquad (4.45)$$

如果 A、B 满足 $A\varepsilon_t = Bu_t$，$E(u_t) = O_k$，$E(u_t u_t') = I_k$，则该模型为 AB 型 SVAR 模型。接下来，本章分两种情况讨论金融化背景下大宗商品的宏观影响因素，第一种，以中国为主的新兴市场国家通常被认为是大宗商品的主要需求国，本章以中国的宏观经济、货币流动性、人民币兑一揽子外币走势作为影响大宗商品的宏观因素，运用 SVAR 模型探讨主要因子对大宗商品走势的冲击以及每一个结构冲击对这些变量变化的贡献度，进一步评价不同结构冲击的重要性。第二种，过去很长一段时间内，大宗商品表现出全球联动，尤其是黄金、白银、铜、铝、锌、螺纹钢、铁矿石，其需求国家也不只是中国，考虑到欧美日以及中国在世界经济总量中占比超过三分之一，以及美元、欧元、日元是世界储备货币，其货币政策与流动性对外溢出效应非常明显，因此将美国、欧元区、日本纳入分析框架，从世界范围内更加全面分析大宗商品的定价机制。最后，本章将对两种情况的实证结果进行比较，以区分不同商品板块之间定价机制的差异。

2. 宏观经济、货币流动性、汇率对大宗商品的影响

（1）确定滞后阶数

本章从中国与全球发达经济体出发，探讨宏观因子对大宗商品价格的影响机制，以大宗商品指数为例，表 4.1、表 4.2 给出了 0—8 阶 VAR 模型的 LR、FPE、AIC、SE 与 HQ 的值，在标准值最小的情况下选择滞后阶数。两个模型显示均有 3 个准则的滞后阶数为 3 阶，所以大宗商品指数在两种情况下可以建立 VAR（3）模型。

表 4.1　大宗商品 VAR 模型滞后阶数选择（中国）

Lag	LogL	LR	FPE	AIC	SC	HQ
0	1770.313	NA	6.73E−15	−21.28088	−21.2059	−21.25044
1	1976.455	399.8654	6.81E−16	−23.57175	−23.19681	−23.41956
2	2129.423	289.3486	1.31E−16	−25.22196	−24.54707*	−24.94802
3	2160.257	56.83854	1.09e−16*	−25.40068*	−24.42584	−25.00499*
4	2171.697	20.53817	1.16E−16	−25.34575	−24.07096	−24.82831
5	2177.598	10.30746	1.31E−16	−25.22407	−23.64933	−24.58487
6	2186.762	15.56924	1.43E−16	−25.14172	−23.26703	−24.38077
7	2204.575	29.40115*	1.41E−16	−25.16355	−22.98891	−24.28085
8	2220.415	25.38202	1.42E−16	−25.16162	−22.68703	−24.15717

注：LR 为连续修改统计检验量；FPE 为最终预计误差；AIC 为赤池信息准则；SC 为施瓦茨信息准则；HQ 为汉南−奎因信息准则。

表 4.2　大宗商品 VAR 模型滞后阶数选择（全球）

Lag	LogL	LR	FPE	AIC	SC	HQ
0	1811.739	NA	4.08E−15	−21.77999	−21.705	−21.74955
1	2220.543	792.982	3.60E−17	−26.51257	−26.13763	−26.36038
2	2406.068	350.9326	4.67E−18	−28.55504	−27.88015*	−28.2811
3	2436.037	55.24386	3.95E−18*	−28.72334*	−27.7485	−28.32764*

Lag	LogL	LR	FPE	AIC	SC	HQ
4	2445.717	17.37778	4.27E−18	−28.6472	−27.37241	−28.12975
5	2453.618	13.80206	4.72E−18	−28.54961	−26.97487	−27.91041
6	2467.023	22.77237	4.88E−18	−28.51835	−26.64366	−27.7574
7	2480.079	21.55123	5.09E−18	−28.48288	−26.30824	−27.60018
8	2498.52	29.54918*	4.97E−18	−28.51229	−26.03769	−27.50783

注：LR 为连续修改统计检验量；FPE 为最终预计误差；AIC 为赤池信息准则；SC 为施瓦茨信息准则；HQ 为汉南—奎因信息准则。

（2）平稳性检验

图 4.5 与图 4.6 是大宗商品的 VAR 模型的 AR 特征多项式的单位圆与特征根，所有的点都落在单位圆之内，说明无论是从中国宏观因素还是从全球宏观因素考虑，所估计的 VAR（3）模型都是稳定的。

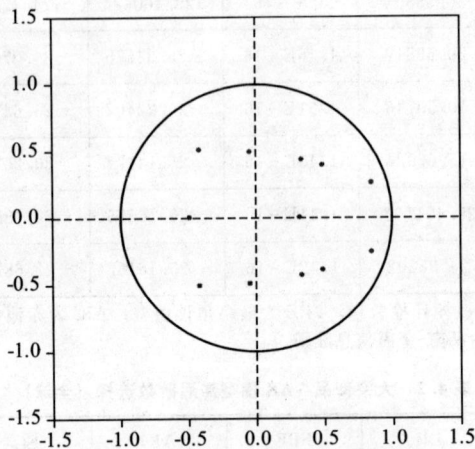

Inverse Roots of AR Characteristic Polynomial

图 4.5　大宗商品 VAR（3）的单位圆与特征根（中国）

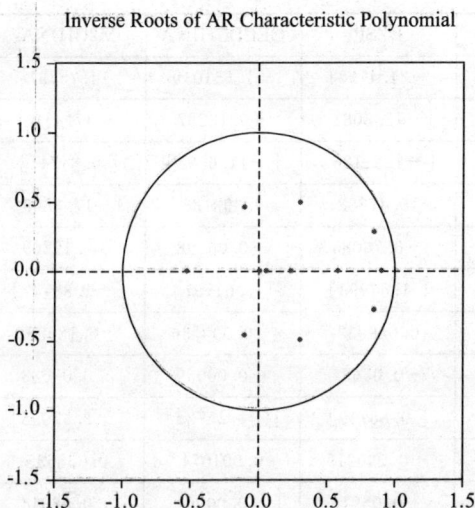

Inverse Roots of AR Characteristic Polynomial

图 4.6　大宗商品 VAR（3）的单位圆与特征根（全球）

（3）SVAR（3）模型估计结果

从模型估计结果来看，与单纯考虑中国的宏观因素相比，从全球宏观因素出发的模型拟合程度明显优于前者，整体看，两个 VAR（3）模型的 AIC 与 SC 值比较低。

表 4.3　大宗商品 VAR（3）模型估计结果（中国）

	DZSP	OECDCHINA	M2CHINA	HUILVCHINA
DZSP（-1）	0.086609	-0.002034	-0.143388	-0.026965
	-0.08365	-0.00087	-0.11373	-0.02075
	[1.03541]	[-2.34946]	[-1.26073]	[-1.29977]
DZSP（-2）	0.007244	-0.003549	-0.144929	0.041621
	-0.08553	-0.00089	-0.1163	-0.02121
	[0.08470]	[-4.00862]	[-1.24621]	[1.96203]
DZSP（-3）	0.001904	0.001032	-0.071617	-0.033814
	-0.08857	-0.00092	-0.12042	-0.02197
	[0.02150]	[1.12601]	[-0.59472]	[-1.53940]
OECDCHINA（-1）	19.68669	2.114954	4.049235	-3.397887
	-6.96707	-0.07211	-9.47308	-1.72794
	[2.82568]	[29.3283]	[0.42745]	[-1.96643]

	DZSP	OECDCHINA	M2CHINA	HUILVCHINA
OECDCHINA（-2）	-24.47984	-1.551019	14.75797	3.992617
	-12.8082	-0.13257	-17.4153	-3.17665
	[-1.91126]	[-11.6994]	[0.84741]	[1.25686]
OECDCHINA（-3）	10.47888	0.393138	-17.3509	-2.456361
	-6.76085	-0.06998	-9.19269	-1.6768
	[1.54993]	[5.61797]	[-1.88747]	[-1.46491]
M2CHINA（-1）	0.049032	-0.000736	-0.189968	0.034295
	-0.05654	-0.00059	-0.07688	-0.01402
	[0.86719]	[-1.25728]	[-2.47098]	[2.44556]
M2CHINA（-2）	-0.000219	0.001074	0.038633	-0.004389
	-0.05916	-0.00061	-0.08044	-0.01467
	[-0.00370]	[1.75337]	[0.48028]	[-0.29910]
M2CHINA（-3）	-0.043026	0.001335	0.238188	0.021928
	-0.05727	-0.00059	-0.07787	-0.0142
	[-0.75125]	[2.25249]	[3.05869]	[1.54374]
HUILVCHINA（-1）	-0.033992	-0.002048	-0.43945	0.287067
	-0.33432	-0.00346	-0.45458	-0.08292
	[-0.10167]	[-0.59186]	[-0.96673]	[3.46210]
HUILVCHINA（-2）	0.122796	0.001888	-0.018736	-0.216351
	-0.33215	-0.00344	-0.45162	-0.08238
	[0.36970]	[0.54917]	[-0.04149]	[-2.62630]
HUILVCHINA（-3）	-0.402897	0.004518	-0.271592	-0.027512
	-0.31165	-0.00323	-0.42375	-0.07729
	[-1.29280]	[1.40064]	[-0.64093]	[-0.35594]
C	0.003841	9.92E-06	0.003666	0.001098
	-0.00326	-3.40E-05	-0.00443	-0.00081
	[1.17944]	[0.29436]	[0.82794]	[1.35954]
R-squared	0.218419	0.984119	0.214216	0.329594
Adj. R-squared	0.159058	0.982912	0.154536	0.278677
Sum sq. resids	0.263059	2.82E-05	0.486335	0.016181
S. E. equation	0.040804	0.000422	0.05548	0.01012

	DZSP	OECDCHINA	M2CHINA	HUILVCHINA
F-statistic	3. 679531	815. 8977	3. 589423	6. 473178
Log likelihood	311. 1484	1092. 741	258. 607	549. 5672
Akaike AIC	−3. 487115	−12. 62855	−2. 872596	−6. 27564
Schwarz SC	−3. 248275	−12. 38971	−2. 633756	−6. 0368
Mean dependent	0. 003671	−2. 63E − 05	0. 001368	0. 001245
S. D. dependent	0. 044495	0. 003231	0. 060338	0. 011916
Determinant resid covariance (dof adj.)	8. 03E − 17			
Determinant resid covariance	5. 85E − 17			
Log likelihood	2225. 167			
Akaike information criterion	−25. 41715			
Schwarz criterion	−24. 46179			

表 4.4　大宗商品 SVAR（3）模型参数矩阵（中国）

Model：Ae = Bu where E［uu′］=I
Restriction Type：short-run pattern matrix

A =			
1	0	0	0
C (1)	1	0	0
C (2)	C (4)	1	0
C (3)	C (5)	C (6)	1
B =			
C (7)	0	0	0
0	C (8)	0	0
0	0	C (9)	0
0	0	0	C (10)
	Coefficient	Std. Error	z-Statistic	Prob.
C (1)	0. 001133	0. 000787	1. 440169	0. 1498
C (2)	−0. 21637	0. 103257	−2. 095445	0. 0361
C (3)	0. 077442	0. 018242	4. 245153	0
C (4)	−5. 560879	9. 976014	−0. 557425	0. 5772
C (5)	2. 496177	1. 741842	1. 433067	0. 1518
C (6)	0. 009142	0. 01334	0. 685281	0. 4932

Model：Ae = Bu where E ［uu′］ =I
Restriction Type：short-run pattern matrix

C （7）	0. 040804	0. 002206	18. 49324	0
C （8）	0. 00042	2. 27E－05	18. 49324	0
C （9）	0. 054765	0. 002961	18. 49324	0
C （10）	0. 009553	0. 000517	18. 49324	0
Log likelihood	2198. 125			
Estimated A matrix：				
1	0	0	0	
0. 001133	1	0	0	
－0. 21637	－5. 560879	1	0	
0. 077442	2. 496177	0. 009142	1	
Estimated B matrix：				
0. 040804	0	0	0	
0	0. 00042	0	0	
0	0	0. 054765	0	
0	0	0	0. 009553	

表 4.5　大宗商品 SVAR （3） 模型估计结果（全球）

	DZSP	OECDWORLD	M2WORLD	DOLLARINDEX
DZSP （－1）	0. 081365	－0. 000375	0. 031341	－0. 053057
	－0. 08303	－0. 00035	－0. 03792	－0. 03208
	［ 0. 97996］	［－1. 06682］	［ 0. 82654］	［－1. 65377］
DZSP （－2）	－0. 045448	－0. 000792	－0. 01565	0. 063642
	－0. 083	－0. 00035	－0. 0379	－0. 03207
	［－0. 54758］	［－2. 25407］	［－0. 41288］	［ 1. 98441］
DZSP （－3）	－0. 062679	0. 000284	－0. 030919	－0. 050426
	－0. 08459	－0. 00036	－0. 03863	－0. 03269
	［－0. 74099］	［ 0. 79168］	［－0. 80037］	［－1. 54278］
OECDWORLD （－1）	45. 64945	2. 297727	－6. 859528	－2. 137744
	－16. 7046	－0. 07074	－7. 6289	－6. 45473
	［ 2. 73274］	［ 32. 4828］	［－0. 89915］	［－0. 33119］
OECDWORLD （－2）	－57. 0176	－1. 803273	8. 86254	－2. 142048

	DZSP	OECDWORLD	M2WORLD	DOLLARINDEX
	−32.0857	−0.13587	−14.6533	−12.398
	[−1.77704]	[−13.2722]	[0.60481]	[−0.17277]
OECDWORLD （−3）	20.44574	0.473436	−1.952971	1.999469
	−16.8203	−0.07123	−7.6817	−6.4994
	[1.21554]	[6.64693]	[−0.25424]	[0.30764]
M2WORLD （−1）	−0.151216	−0.000602	0.775253	−0.028496
	−0.18253	−0.00077	−0.08336	−0.07053
	[−0.82846]	[−0.77897]	[9.30022]	[−0.40403]
M2WORLD （−2）	0.15832	0.000225	0.091441	−0.022116
	−0.22963	−0.00097	−0.10487	−0.08873
	[0.68945]	[0.23100]	[0.87193]	[−0.24924]
M2WORLD （−3）	−0.005438	0.00013	0.043141	0.053376
	−0.17226	−0.00073	−0.07867	−0.06656
	[−0.03157]	[0.17866]	[0.54839]	[0.80192]
DOLLARINDEX （−1）	−0.057607	0.000191	−0.661945	0.236642
	−0.22062	−0.00093	−0,10076	−0.08525
	[−0.26111]	[0.20473]	[−6.56976]	[2.77590]
DOLLARINDEX （−2）	−0.118246	−0.000285	0.046606	−0.175162
	−0.24668	−0.00104	−0.11266	−0.09532
	[−0.47935]	[−0.27270]	[0.41370]	[−1.83766]
DOLLARINDEX （−3）	−0.250318	0.000439	−0.009345	−0.05724
	−0.22743	−0.00096	−0.10386	−0.08788
	[−1.10066]	[0.45538]	[−0.08998]	[−0.65136]
C	0.003504	2.39E−05	0.006896	−0.001533
	−0.00623	−2.60E−05	−0.00284	−0.00241
	[0.56293]	[0.90660]	[2.42569]	[−0.63736]
R-squared	0.235539	0.992731	0.887622	0.233559
Adj. R-squared	0.177479	0.992179	0.879087	0.175349
Sum sq. resids	0.257297	4.61E−06	0.053664	0.038416
S. E. equation	0.040354	0.000171	0.01843	0.015593
F-statistic	4.056803	1798.127	103.997	4.012309

	DZSP	OECDWORLD	M2WORLD	DOLLARINDEX
Log likelihood	313. 042	1247. 468	447. 0621	475. 6414
Akaike AIC	−3. 509263	−14. 43822	−5. 07675	−5. 41101
Schwarz SC	−3. 270423	−14. 19938	−4. 83791	−5. 17217
Mean dependent	0. 003671	−4. 04E − 05	0. 083744	−0. 001391
S. D. dependent	0. 044495	0. 001932	0. 053	0. 017171
Determinant resid covariance (dof adj.)	3. 02E − 18			
Determinant resid covariance	2. 20E − 18			
Log likelihood	2505. 705			
Akaike information criterion	−28. 6983			
Schwarz criterion	−27. 74294			

表 4.6　大宗商品 SVAR（3）模型参数矩阵（中国）

Model：Ae = Bu where E［uu′］＝I
Restriction Type：short-run pattern matrix

A =				
	1	0	0	0
C (1)		1	0	0
C (2)	C (4)		1	0
C (3)	C (5)	C (6)		1
B =				
C (7)		0	0	0
	0	C (8)	0	0
	0	0	C (9)	0
	0	0	0	C (10)
	Coefficient	Std.　Error	z-Statistic	Prob.
C (1)	0. 00065	0. 00032	2. 030974	0. 0423
C (2)	−0. 091474	0. 034501	−2. 651299	0. 008
C (3)	0. 101522	0. 027732	3. 660795	0. 0003
C (4)	−12. 88616	8. 147613	−1. 581587	0. 1137
C (5)	3. 94999	6. 465205	0. 610961	0. 5412
C (6)	0. 235831	0. 060242	3. 914714	0. 0001
C (7)	0. 040354	0. 002182	18. 49324	0

Model：Ae ＝ Bu where E［uu′］＝I
Restriction Type：short-run pattern matrix

C（8）	0.000169	9.13E－06	18.49324	0
C（9）	0.017991	0.000973	18.49324	0
C（10）	0.014173	0.000766	18.49324	0
Log likelihood	2478.663			
Estimated A matrix：				
	1	0	0	0
	0.00065	1	0	0
	－0.091474	－12.88616	1	0
	0.101522	3.94999	0.235831	1
Estimated B matrix：				
	0.040354	0	0	0
	0	0.000169	0	0
	0	0	0.017991	0
	0	0	0	0.014173

（4）结构性脉冲响应与方差分解

SVAR 模型中可以得到正交化的脉冲响应函数，即可以单独考虑各个变量的冲击对其他变量的影响。当一个误差项发生变化时，或者说模型中宏观经济、货币流动性、汇率受到某种冲击时对系统的动态影响，商品期货价格的变化又可以反过来对下一期的宏观经济变量产生影响，这个传导过程可以用结构性脉冲响应函数来刻画。

从图 4.7 可以看出，给中国 OECD 领先指数一个正的冲击，第 2期最大（0.008415），对大宗商品价格指数就有一个正的影响，然后逐步衰减，直到第 11 期转负；给中国 M2 指标一个正的冲击，从第 2 期开始有一个正的影响，第 3 期转负，随后在零轴附近窄幅波动；给人民币汇率一个正的冲击，对大宗商品的影响很小。

从图 4.9 可以看出，给主要经济体 OECD 领先指数一个正的冲击，从第 2 期开始对大宗商品价格指数就有一个正的影响，第 3 期达到最大（0.008946），然后逐步衰减，直到第 11 期转负；给主要经济体 M2 指标一个正的冲击，第 2 期有一个负的影响，第 3 期转正，随后在零轴附近窄幅波动；主要经济体 M2 与美元汇率对大宗商品的影响较小。

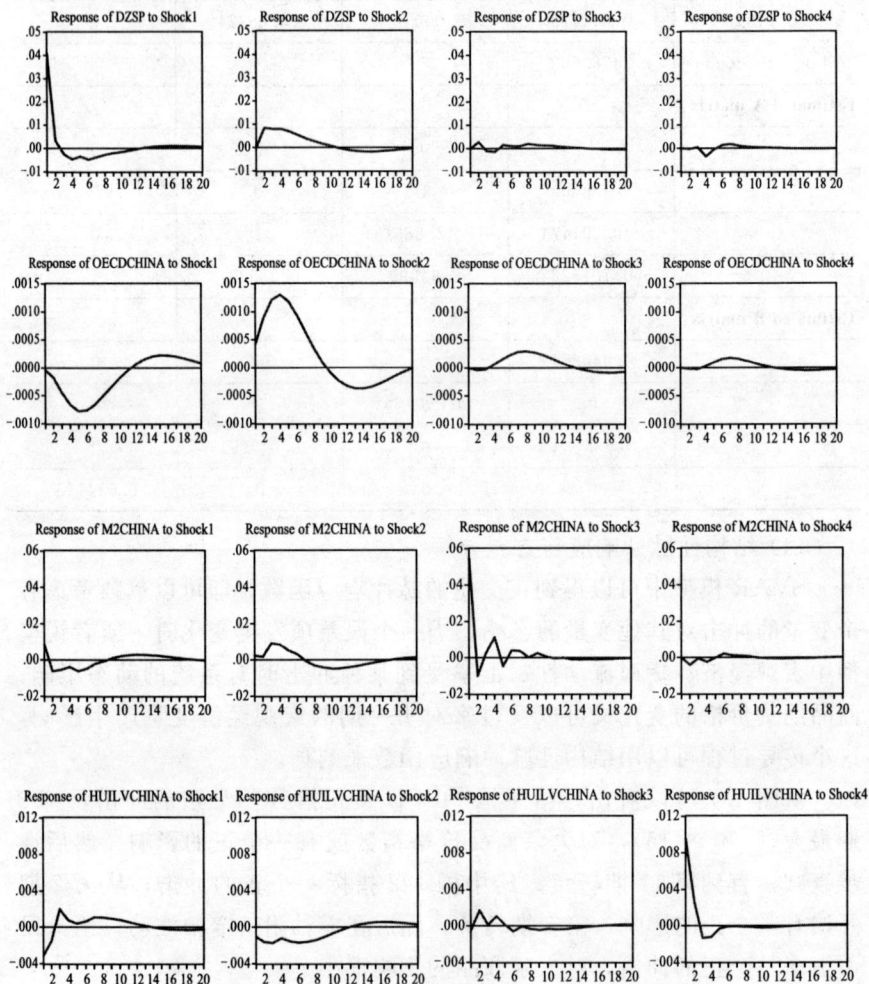

Response to Structural One S.D. Innovations

图 4.7 大宗商品 SVAR（3）的结构脉冲响应函数（中国）

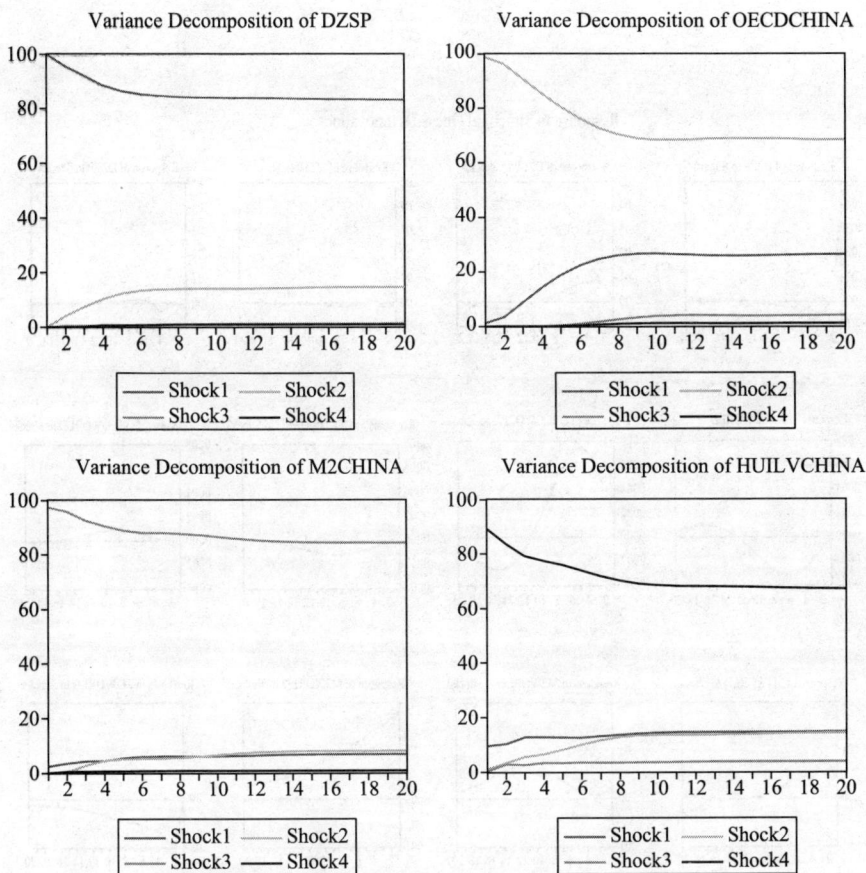

图 4.8 大宗商品 SVAR（3）的方差分解（中国）

脉冲响应函数描述的是 SVAR 模型中一个内生变量的冲击给其他内生变量所带来的影响，进一步，我们希望计算出每一个结构冲击对内生变量变化的贡献度，借助方差分解可以实现。

从图 4.8 可以看出，不考虑大宗商品指数自身的贡献率，中国OECD 领先指数对大宗商品指数的贡献率在第 6 期之后开始趋于平缓，最大达到 14.60%（第 20 期），其次是货币供给量 M2，贡献最大达到 1.19%（第 20 期）；人民币汇率的贡献还不到 1%。

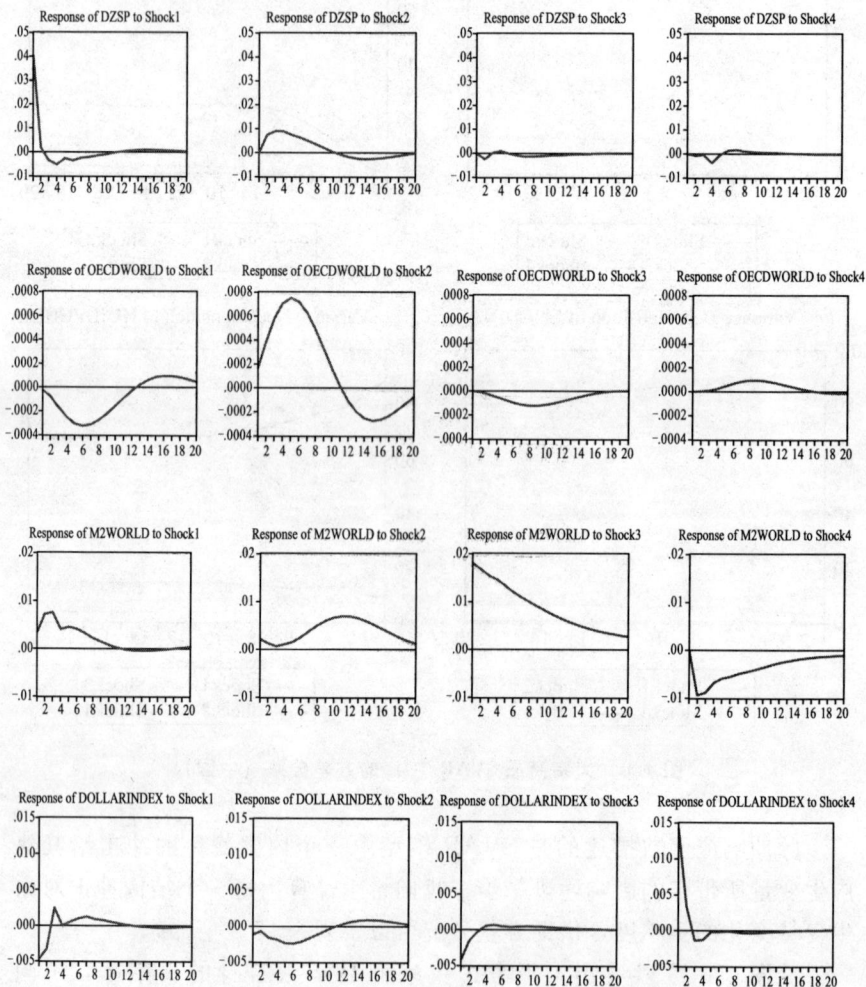

图 4.9　大宗商品 SVAR（3）的结构脉冲响应函数（全球）

大宗商品金融化的影响研究

从图 4.10 可以看出，不考虑大宗商品指数自身的贡献率，主要经济体 OECD 领先指数对大宗商品指数的贡献率在第 6 期之后开始趋于平缓，最大达到 17.78%（第 20 期），其次是主要经济体的货币供给量 M2，贡献最大达到 0.69%（第 14 期）；美元指数的贡献最大为 1.07%（第 13 期）。

方差分解的结果与脉冲响应函数分析基本一致，说明宏观经济走势对大宗商品的影响大于货币流动性与汇率。

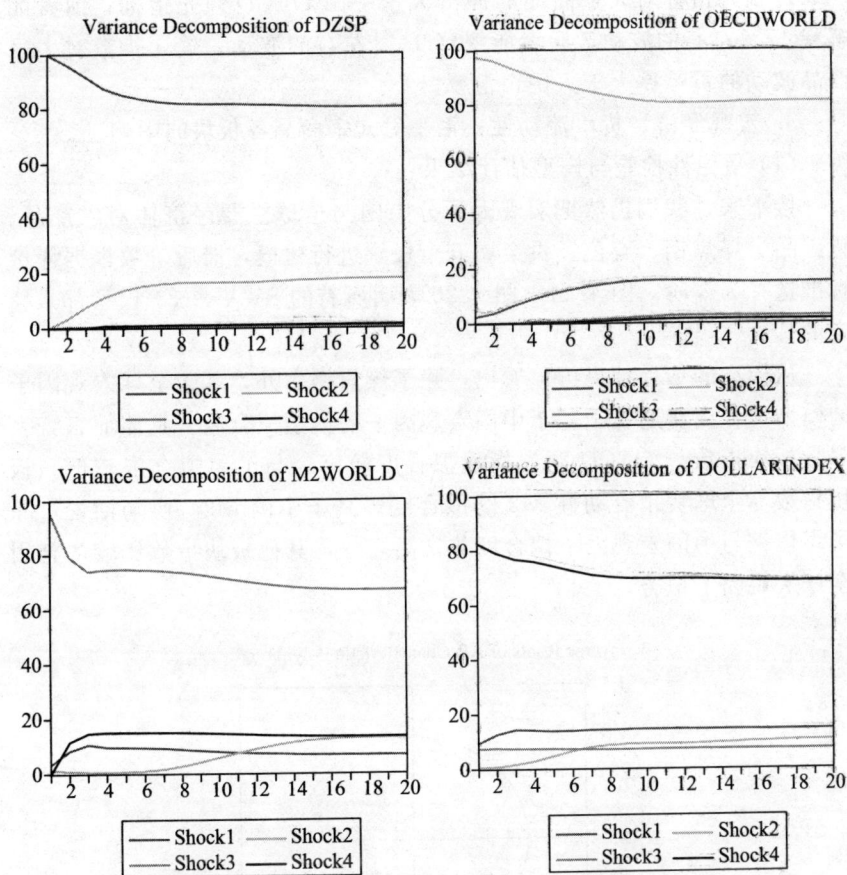

图 4.10　大宗商品 SVAR（3）的结构方差分解（全球）

从冲击大小与持续时间看，受到一个标准差信息冲击后，不考虑自身扰动的影响，中国与全球主要经济体 OECD 领先指标对大宗商品期货指数价格的影响最大，货币供给量 M2、汇率影响均较小。具体而言，自身前 2 期价格对大宗商品期货价格的影响最大；中国与全球主要经济体 OECD 领先指标对大宗商品期货价格的影响为正且维持 11 个月左右的时间。

从冲击贡献率看，不考虑大宗商品期货指数自身的贡献率，中国与全球主要经济体 OECD 领先指标对大宗商品期货指数价格的贡献最大，货币供给量与汇率影响较小。中国与全球主要经济体宏观因子对大宗商品指数波动贡献率分别为 17％与 20％。具体而言，全球主要经济体 OECD 领先指标对大宗商品的冲击大于中国 OECD 领先指标，前者能解释 17％左右的波动，后者能解释 14％左右的波动；美元指数对大宗商品波动的贡献率大于人民币汇率。

3. 宏观经济、货币流动性、汇率对大宗商品各板块的影响

（1）平稳性检验与模型估计结果

接下来，我们仍然把宏观因子分中国与全球主要经济体对农产品、化工品、煤焦钢、有色、贵金属五个板块进行建模，滞后阶数根据评价标准选择为 3 阶，图 4.11—图 4.20 表明所有的 SVAR（3）模型都是稳定的。

从模型的估计结果可以看出，除了煤焦钢之外，基于全球宏观因子的模型拟合度普遍优于基于中国宏观因子的模型拟合度。具体而言，大多数板块指数与 OECD 领先指数拟合度较高，与汇率拟合度较低。板块指数与全球货币流动性 M2 的拟合度要高于中国 M2。换句话说，除了煤焦钢与中国宏观因子拟合度非常高之外，其他板块指数比较适合用全球宏观因子拟合。

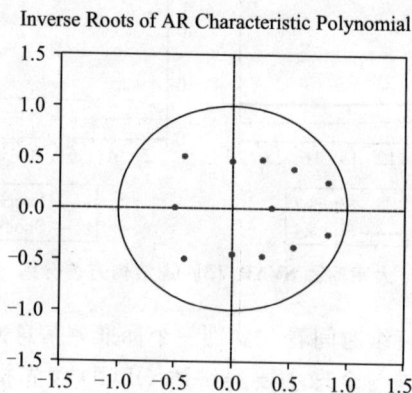

图 4.11 农产品 SVAR（3）的单位圆与特征根（中国）

Inverse Roots of AR Characteristic Polynomial

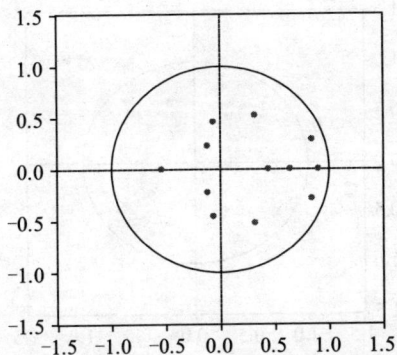

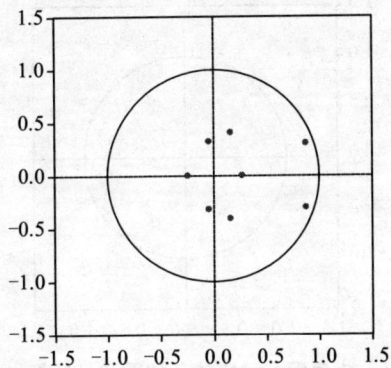

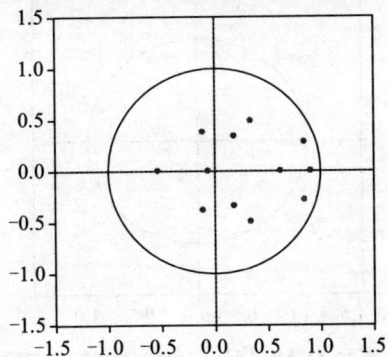

图 4.12　农产品 SVAR（3）的单位圆与特征根（全球）

Inverse Roots of AR Characteristic Polynomial

图 4.13　化工 SVAR（3）的单位圆与特征根（中国）

Inverse Roots of AR Characteristic Polynomial

图 4.14　化工 SVAR（3）的单位圆与特征根（全球）

Inverse Roots of AR Characteristic Polynomial

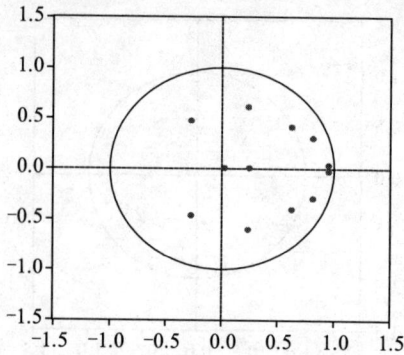

图 4.15 煤焦钢 SVAR 的单位圆与特征根（中国）

Inverse Roots of AR Characteristic Polynomial

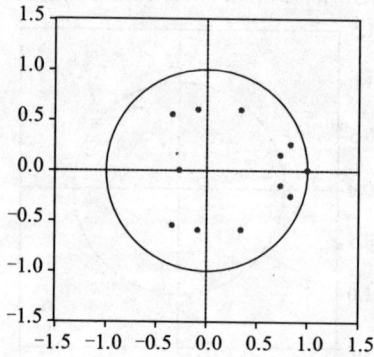

图 4.16 煤焦钢 SVAR 的单位圆与特征根（全球）

Inverse Roots of AR Characteristic Polynomial

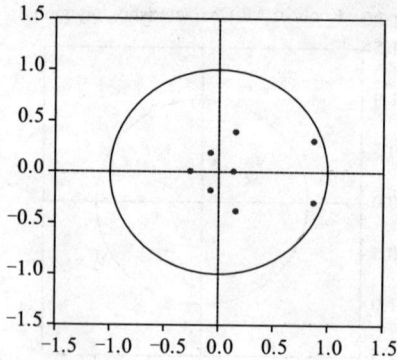

图 4.17 有色 SVAR（3）的单位圆与特征根（中国）

Inverse Roots of AR Characteristic Polynomial

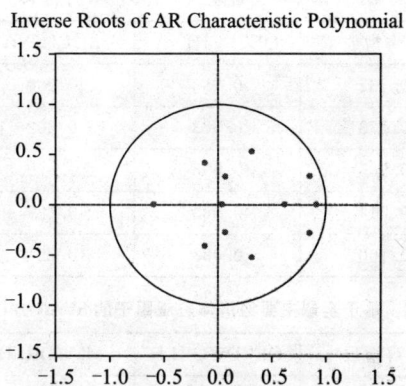

图 4.18 有色 SVAR（3）的单位圆与特征根（全球）

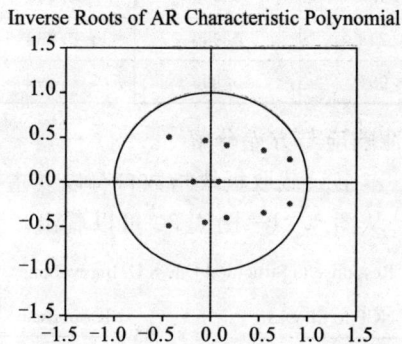

Inverse Roots of AR Characteristic Polynomial

图 4.19 贵金属 SVAR（3）的单位圆与特征根（中国）

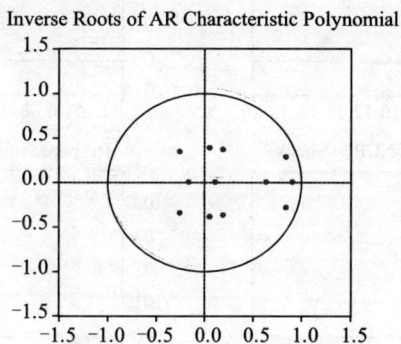

Inverse Roots of AR Characteristic Polynomial

图 4.20 贵金属 SVAR（3）的单位圆与特征根（全球）

表 4.7　基于中国宏观因子的 SVAR 方程 R^2

	自身指数	OECDCHINA	M2CHINA	HUILVCHINA
NCP	0.132	0.983	0.200	0.317
HGP	0.173	0.983	0.202	0.306
MJG	0.965	0.998	0.979	0.979
YS	0.214	0.983	0.227	0.338
GJS	0.100	0.983	0.221	0.329

表 4.8　基于全球主要经济体宏观因子的 SVAR 方程 R^2

	自身指数	OECDWORLD	M2WORLD	DOLLARINDEX
NCP	0.147	0.993	0.888	0.235
HGP	0.176	0.993	0.889	0.200
MJG	0.959	0.992	0.794	0.380
YS	0.258	0.993	0.888	0.228
GJS	0.091	0.993	0.892	0.222

（2）结构性脉冲响应与方差分解

为了分析方便，本书只截取板块指数自身以及主要宏观因子对板块指数的冲击模拟图，从图 4.21—图 4.30 可以看出，无论是基于中国还

Response to Structural One S.D. Innovations

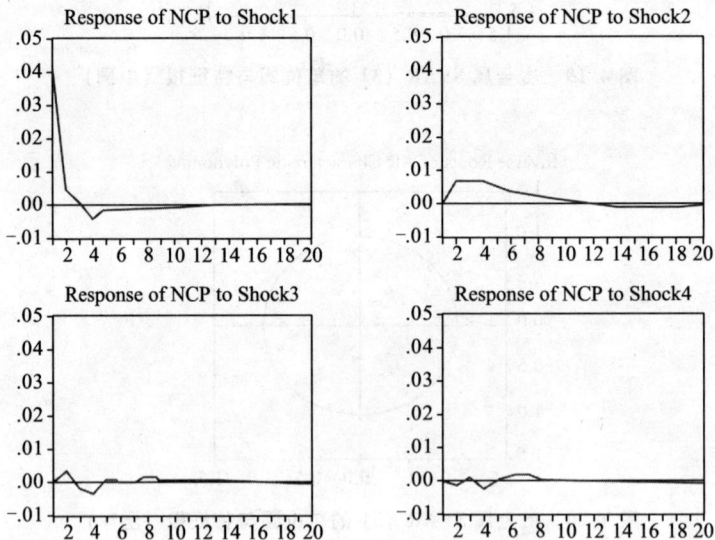

图 4.21　农产品 SVAR（3）的结构脉冲响应函数（中国）

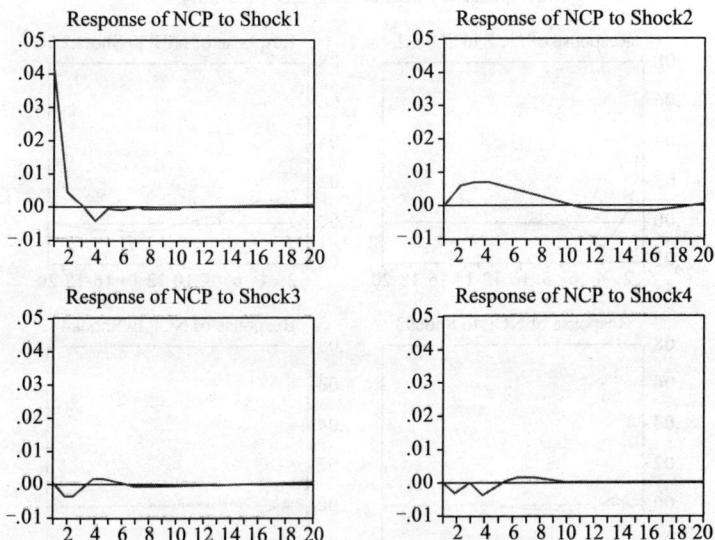

图 4.22　农产品 SVAR（3）的结构脉冲响应函数（全球）

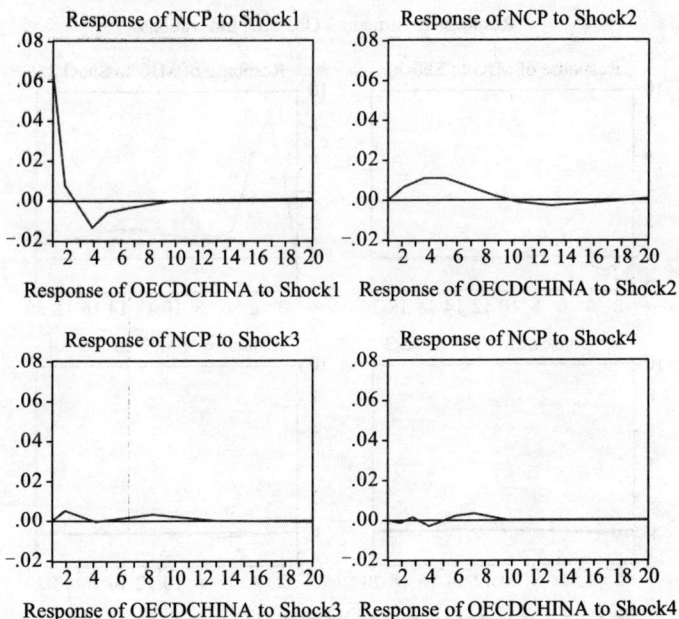

图 4.23　化工品 SVAR（3）的结构脉冲响应函数（中国）

Response to Structural One S.D. Innovations

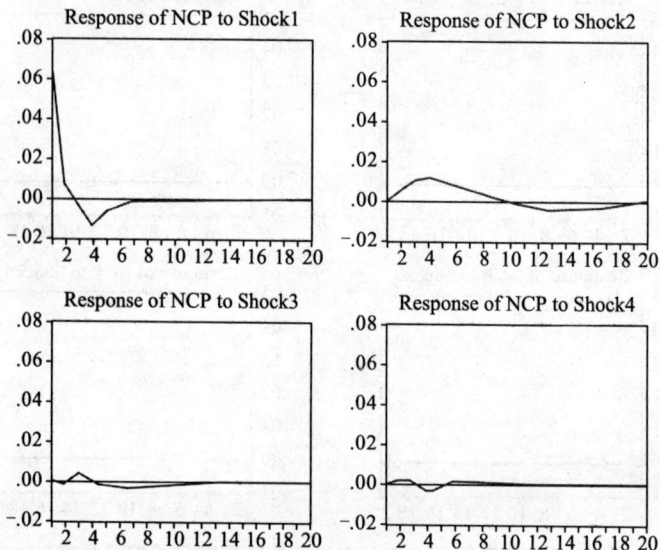

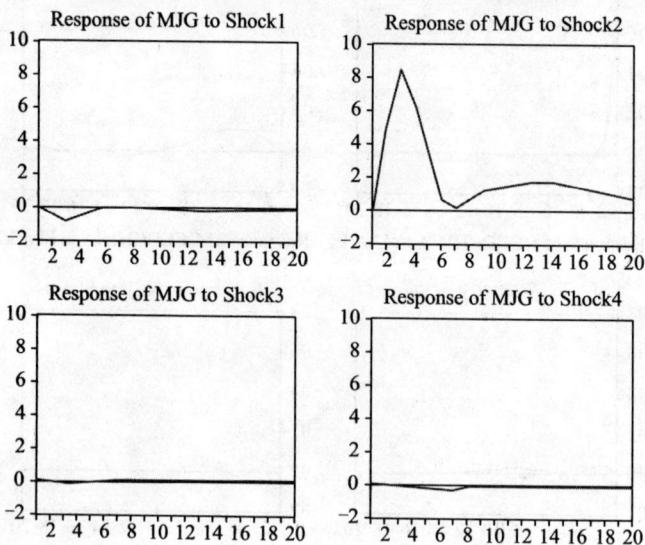

Response of NCP to Shock1

Response of NCP to Shock2

Response of NCP to Shock3

Response of NCP to Shock4

图 4.24　化工品 SVAR（3）的结构脉冲响应函数（全球）

Response to Structural One S.D. Innovations

Response of MJG to Shock1

Response of MJG to Shock2

Response of MJG to Shock3

Response of MJG to Shock4

图 4.25　煤焦钢 SVAR（3）的结构脉冲响应函数（中国）

Response of MJG to Shock1

Response of MJG to Shock2

Response of MJG to Shock3

Response of MJG to Shock4

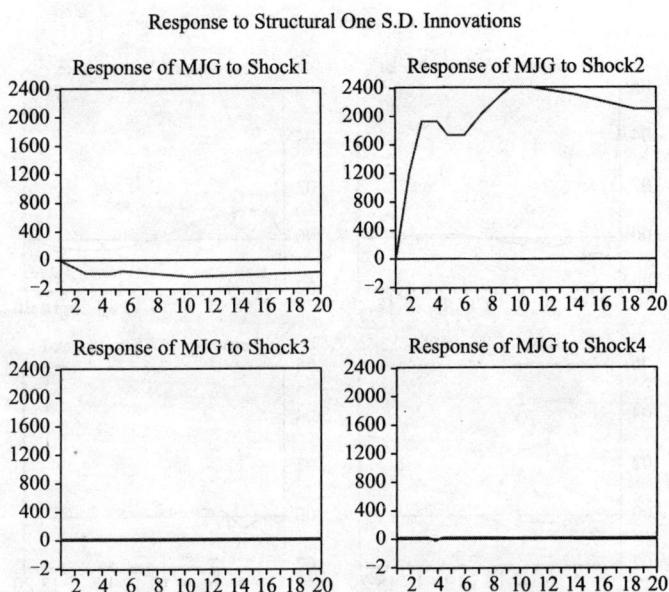

图 4. 26　煤焦钢 SVAR（3）的结构脉冲响应函数（全球）

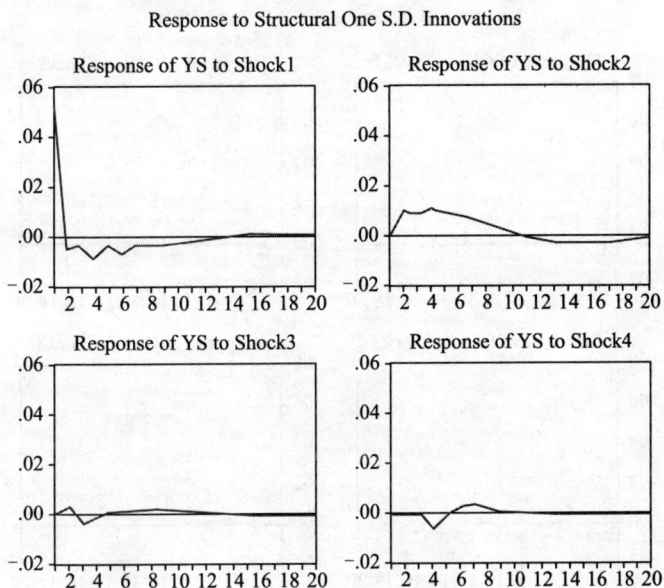

Response of YS to Shock1

Response of YS to Shock2

Response of YS to Shock3

Response of YS to Shock4

图 4. 27　有色金属 SVAR（3）的结构脉冲响应函数（中国）

Response to Structural One S.D. Innovations

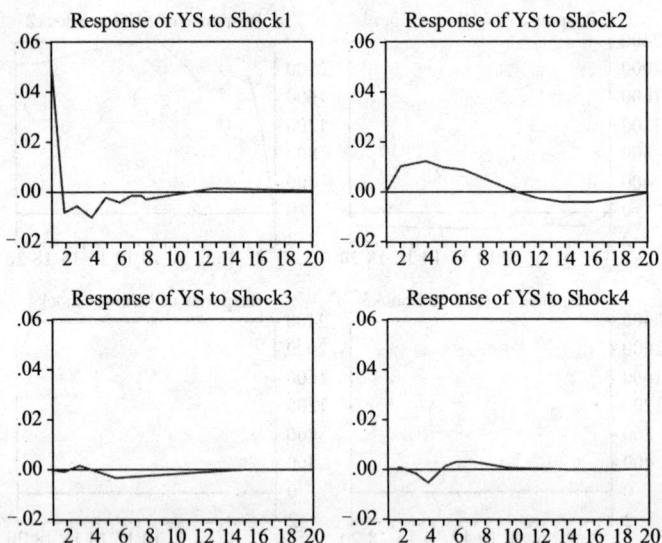

Response of YS to Shock1

Response of YS to Shock2

Response of YS to Shock3

Response of YS to Shock4

图 4.28　有色金属 SVAR（3）的结构脉冲响应函数（全球）

Response to Structural One S.D. Innovations

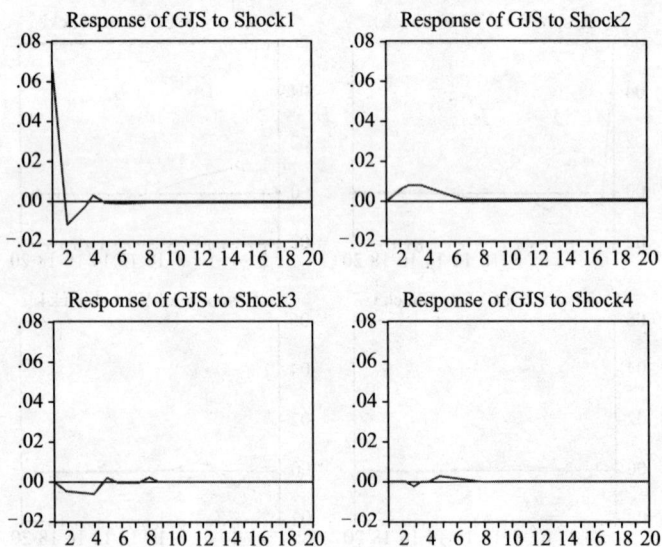

Response of GJS to Shock1

Response of GJS to Shock2

Response of GJS to Shock3

Response of GJS to Shock4

图 4.29　贵金属 SVAR（3）的结构脉冲响应函数（中国）

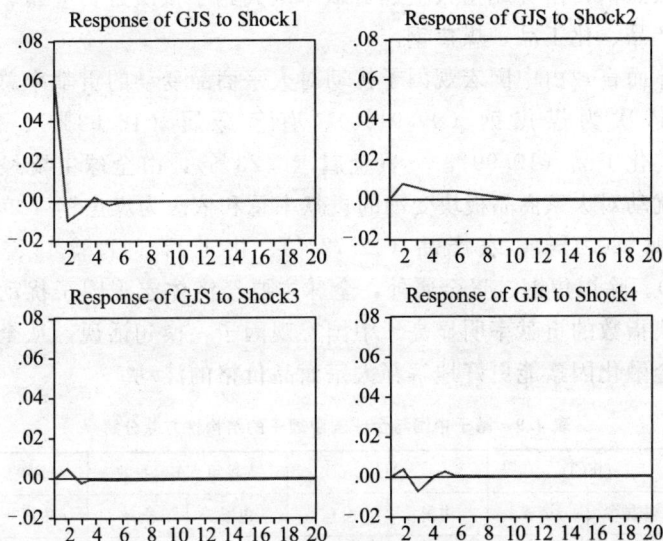

图 4.30 贵金属 SVAR（3）的结构脉冲响应函数（全球）

是全球主要经济体，给予一个正的冲击，OECD 领先指标对板块指数的正冲击都经历了一个迅速放大再衰减并转负的动态过程，货币流动性与汇率对板块指数的冲击力度很弱。其中，煤焦钢板块较为特殊，给中国 OECD 一个正的扰动，对煤焦钢指数影响为正，第 3 期达到最大值然后衰减至第 8 期时仍然大于零，然后再次反弹，高度远远低于前期高点；给全球经济体 OECD 一个正的冲击，对煤焦钢指数影响为正，第 10 期达到最大值然后缓慢衰减并始终大于零。

从方差分解结果看，如图 4.31—图 4.40 所示，由板块指数自身扰动引起的贡献率缓慢下降，其他变量变化引起的贡献率缓慢上升。下面分两种情况阐述宏观因子扰动对板块指数的贡献率。

第一种情况，中国 OECD 扰动引起的贡献率从大到小依次是煤焦钢、有色金属、化工品、农产品与贵金属；中国 M2 扰动引起的贡献率从大到小依次是贵金属、农产品、有色金属、化工品、煤焦钢；由人民币汇率引起贡献率从大到小依次是有色金属、农产品、化工品、煤焦钢、贵金属。

第二种情况，全球主要经济体 OECD 扰动引起的贡献率从大到小依次是煤焦钢、有色金属、化工品、农产品与贵金属；全球主要经济体

M2扰动引起的贡献率从大到小依次是农产品、有色金属、化工品、贵金属、煤焦钢；由美元指数引起贡献率从大到小依次是贵金属、有色金属、农产品、化工品、煤焦钢。

总体而言，由中国宏观因子扰动对大宗商品变动的贡献率总和按大小排列依次为煤焦钢（99.91%）、有色金属（16.63%）、农产品（11%）、化工品（10.99%）、贵金属（6.23%），由全球主要经济体宏观因子扰动对大宗商品板块变动的贡献率总和依次为煤焦钢（99.02%）、有色金属（20.1%）、农产品（12.72%）、化工品（11.83%）、贵金属（6.15%）。除煤焦钢、贵金属外，全球主要经济体宏观因子扰动对其他三个板块指数的贡献率明显高于中国宏观因子，换句话说，从全球范围内考虑金融化因素能更好地解释大宗商品价格的波动。

表 4.9　基于中国与全球宏观因子的结构性方差分解

	OECD		M2		人民币、美元指数		贡献率总和（%）	
	中国	全球	中国	全球	中国	全球	中国	全球
NCP	8.91 (20)	9.95 (20)	1.45 (20)	1.56 (20)	0.64 (20)	1.21 (20)	11.00	12.72
HGP	9.46 (19)	10.41 (20)	0.90 (20)	0.82 (14)	0.63 (20)	0.60 (12)	10.99	11.83
MJG	99.34 (2)	99.02 (3)	0.15 (20)	0.0003 (5)	0.42 (20)	0.0026 (5)	99.91	99.02
YS	14.25 (20)	17.51 (20)	0..93 (20)	1.23 (14)	1.45 (20)	1.36 (13)	16.63	20.10
GJS	3.77 (20)	3.73 (20)	2.096 (20)	0.71 (20)	0.37 (20)	1.71 (20)	6.23	6.15

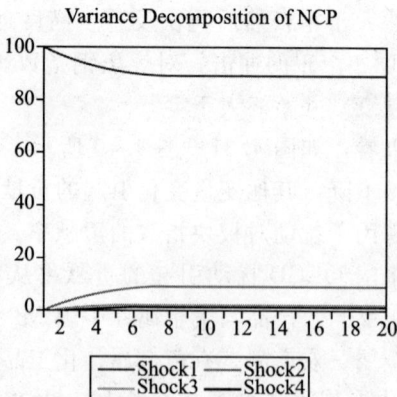

图 4.31　农产品 SVAR（3）的方差分解（中国）

Variance Decomposition of NCP

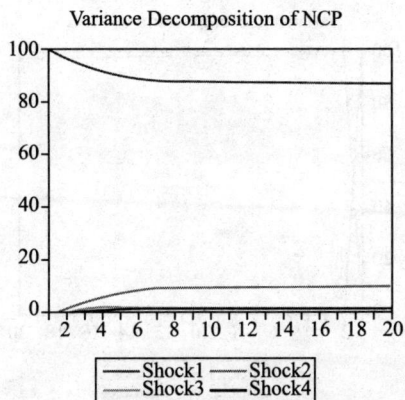

图 4.32　农产品 SVAR（3）的方差分解（全球）

Variance Decomposition of HGP

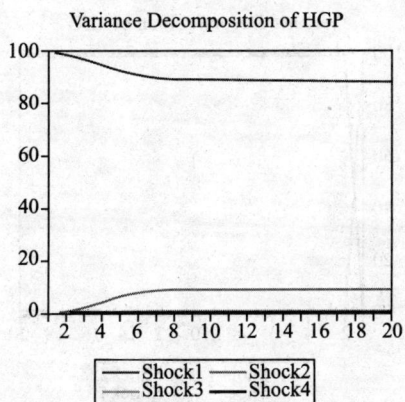

图 4.33　化工品 SVAR（3）的方差分解（中国）

Variance Decomposition of HGP

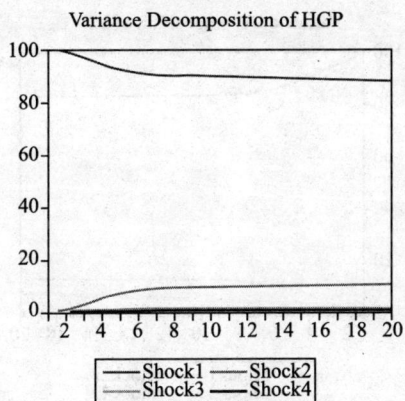

图 4.34　化工品 SVAR（3）的方差分解（全球）

Variance Decomposition of MJG

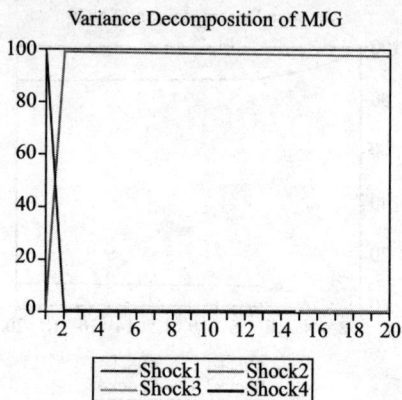

图 4.35 煤焦钢 SVAR（3）的方差分解（中国）

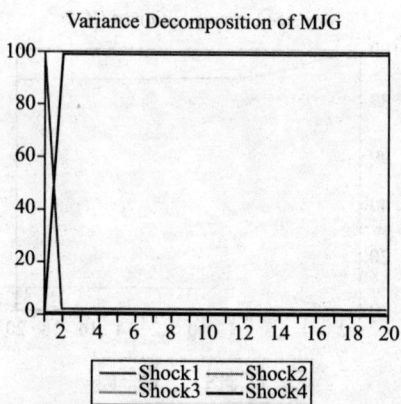

Variance Decomposition of MJG

图 4.36 煤焦钢 SVAR（3）的方差分解（全球）

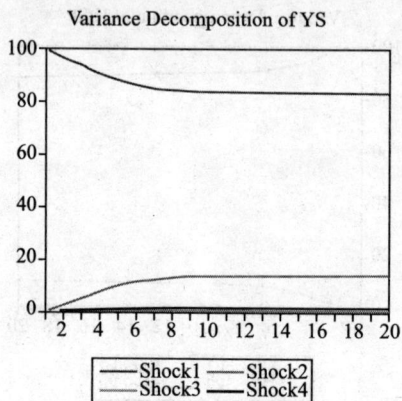

Variance Decomposition of YS

图 4.37 有色 SVAR（3）的方差分解（中国）

大宗商品金融化的影响研究

Variance Decomposition of YS

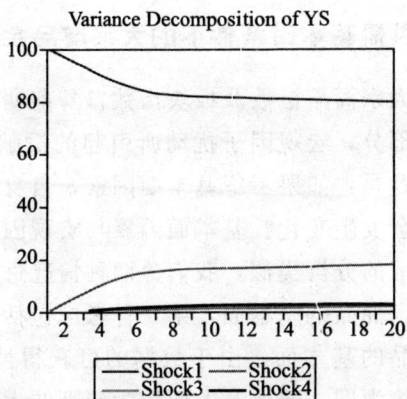

图 4.38 有色 SVAR（3）的方差分解（全球）

Variance Decomposition of GJS

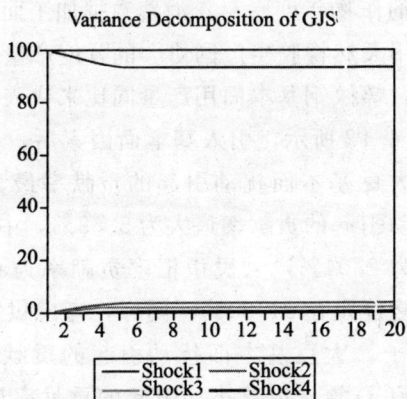

图 4.39 贵金属 SVAR（3）的方差分解（中国）

Variance Decomposition of GJS

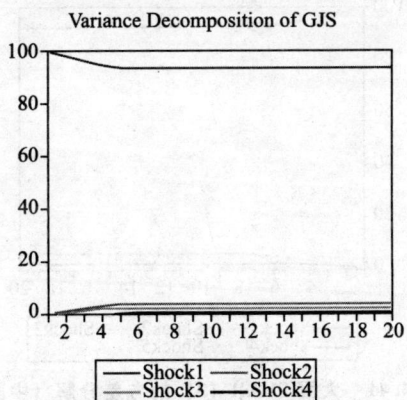

图 4.40 贵金属 SVAR（3）的方差分解（全球）

4.6.3　考虑供需基本面条件下的大宗商品金融化实证分析

除煤焦钢外，大宗商品指数及板块指数自身前期价格扰动所引起的贡献率仍然占主要部分，宏观因子扰动所引起的贡献率大都不到 20%，那么，接下来的问题是：如果考虑基本面因素，自身前期价格扰动以及宏观因子占比是否会发生变化？基本面因素与宏观因子相比，哪一类因素占主导？与上一节的分析类似，我们分两种情况进行探讨：第一种只考虑中国因素与大宗商品的基本面，第二种考虑包括中国因素在内的全球因素以及大宗商品的基本面。由于数据的可获得性，本节以农产品、化工品、煤焦钢板块为例，选取基本面较为清晰的大豆、橡胶、螺纹钢作为研究对象。考虑到品种真实需求数据难以准确获得，大豆基本面用USDA 的每月预测的作物年度库存、消费数据加工而成的库存消费比来代表，橡胶基本面用天然橡胶生产国协会的月度产量与销量加工而成的产销差占比来代表，螺纹钢基本面用产量同比来代表。

如图 4.41、图 4.42 所示，引入基本面因素后，只考虑供需状况以及中国宏观因子，大豆基本面扰动引起的贡献率最大为 0.23%，中国 OECD 领先指数扰动引起的贡献率最大为 5.68%，中国 M2 同比扰动引起的贡献率最大，为 2.04%，人民币汇率贡献率为 0.40%，自身前期价格扰动贡献率最终稳定在 91.80%；同样，考虑供需状况以及全球主要经济体的宏观因子，大豆基本面扰动引起的贡献率最大为 1.73%，全球主要经济体 OECD 领先指数扰动引起的贡献率最大为 4.34%，全

Variance Decomposition of DD

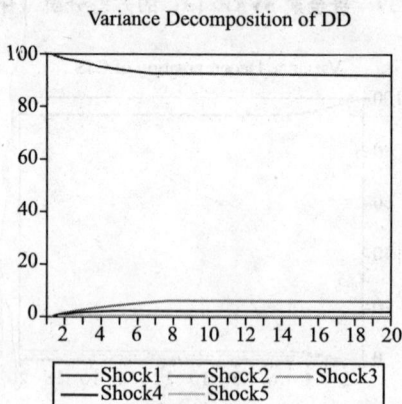

图 4.41　大豆 SVAR（3）的方差分解（中国）

球主要经济体 M2 同比扰动引起的贡献率最大为 0.73%，美元指数贡献率为 1.25%，自身前期价格扰动贡献率最终稳定在 92.80%。

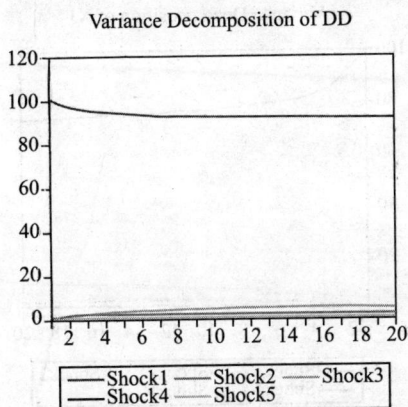

Variance Decomposition of DD

图 4.42　大豆 SVAR（3）的方差分解（全球）

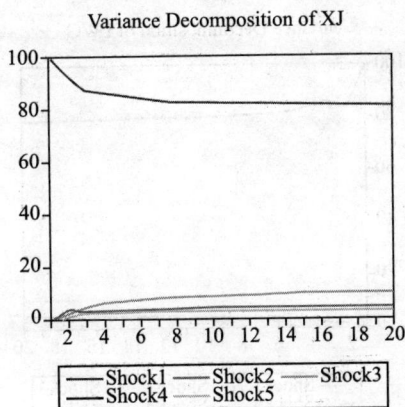

Variance Decomposition of XJ

图 4.43　橡胶 SVAR（2）的方差分解（中国）

如图 4.43、图 4.44 所示，引入基本面因素后，只考虑供需状况以及中国宏观因子，橡胶基本面扰动引起的贡献率最大为 4.15%，中国 OECD 领先指数扰动引起的贡献率最大为 9.40%，中国 M2 同比扰动引起的贡献率最大为 2.85%，人民币汇率贡献率最大为 2.56%，自身前期价格扰动贡献率为 81.20%；同样，考虑供需状况以及全球主要经济体的宏观因子，橡胶基本面扰动引起的贡献率最大为 5.40%，全球主要经济体 OECD 领先指数扰动引起的贡献率最大为 11.48%，全球主要经济体 M2 同比扰动引起的贡献率最大为 3.23％，美元指数贡献率最终稳定在 5.71％，自身前期价格扰动贡献率最终稳定在 74.20％。

Variance Decomposition of XJ

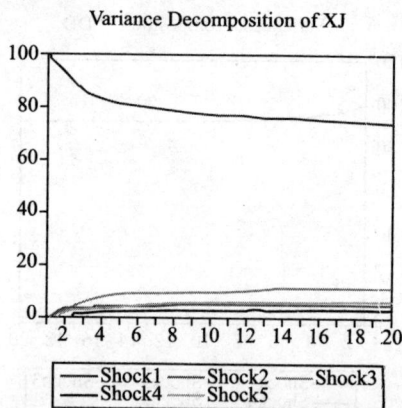

图 4.44　橡胶 SVAR（2）的方差分解（全球）

Variance Decomposition of LWG

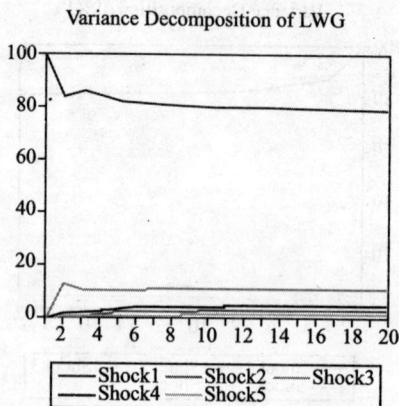

图 4.45　螺纹钢 SVAR（5）的方差分解（中国）

如图 4.45、图 4.46 所示，引入基本面因素后，只考虑供需状况以及中国宏观因子，螺纹钢基本面扰动引起的贡献率最大为 3.28％，中国 OECD 领先指数扰动引起的贡献率最大为 11.16％，中国 M2 同比扰动引起的贡献率最大为 4.64％，人民币汇率贡献率最大为 1.54％，自身前期价格扰动贡献率最终稳定在 79.38％；同样，考虑供需状况以及全球主要经济体的宏观因子，螺纹钢基本面扰动引起的贡献率最大为

大宗商品金融化的影响研究

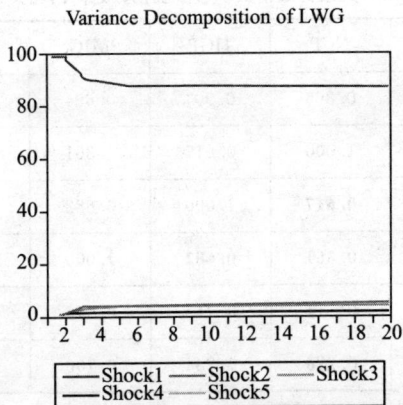

Variance Decomposition of LWG

图 4.46　螺纹钢 SVAR（2）的方差分解（全球）

3.73%，全球主要经济体 OECD 领先指数扰动引起的贡献率最大为 3.51%，全球主要经济体 M2 同比扰动引起的贡献率最大为 1.60%，美元指数贡献率最终稳定在 3.74%，自身前期价格扰动贡献率最终稳定在 87.42%。

不难看出，因为品种属性之间的差异，无论是只考虑中国因素，还是通盘考虑全球主要经济体，由基本面扰动引起的贡献率均未超过 5%，远远低于宏观因子 15%—20%左右的贡献率，说明大宗商品的金融化现象非常明显，基于宏观因子的定价模型更适合解释大宗商品的价格波动。

4.6.4　相关性分析

对大宗商品指数、各板块指数分别作相关性分析，如表 4.10 所示，每个板块与其他板块相关系数最高依次为：农产品与化工品相关系数为 0.617；化工品与有色金属相关系数为 0.712，化工品与煤焦钢指数相关系数为 0.682；煤焦钢与有色金属相关系数为 0.513；有色与贵金属相关系数为 0.380。总体而言，化工品、煤焦钢、有色金属三大工业品板块相关系数最高，其次是农产品与化工品，贵金属与其他板块之间的相关系数较小。

表 4.10　大宗商品指数、各板块指数之间的相关系数

	DZSP	NCP	HGP	MJG	YS	GJS
DZSP	1.000	0.866	0.904	0.654	0.730	0.323
NCP	0.866	1.000	0.617	0.361	0.511	0.276
HGP	0.904	**0.617**	1.000	0.682	0.712	0.284
MJG	0.654	0.361	**0.682**	1.000	0.513	0.100
YS	0.730	0.511	**0.712**	**0.513**	1.000	0.380
GJS	0.323	0.276	0.284	0.100	**0.380**	**1.000**

　　对大宗商品指数、各板块指数与中国、全球主要经济体宏观因子作相关性分析，如图 4.47、图 4.48、表 4.11—表 4.16 所示，大宗商品与中国 OECD 领先指数、中国 M2、全球主要经济体呈正相关关系，与人民币汇率呈负相关关系；除贵金属外，大宗商品与美元指数呈负相关关系，与全球主要经济体 M2 同比关系不一。总体来看，所有商品与OECD 领先指数的相关性强于其他宏观因子，全球货币流动性与大宗商品的相关性较弱并且方向不一。

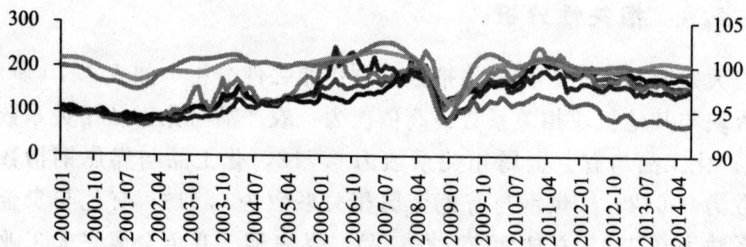

图 4.47　大宗商品指数、各板块指数与中国、全球主要经济体 OECD 领先指数

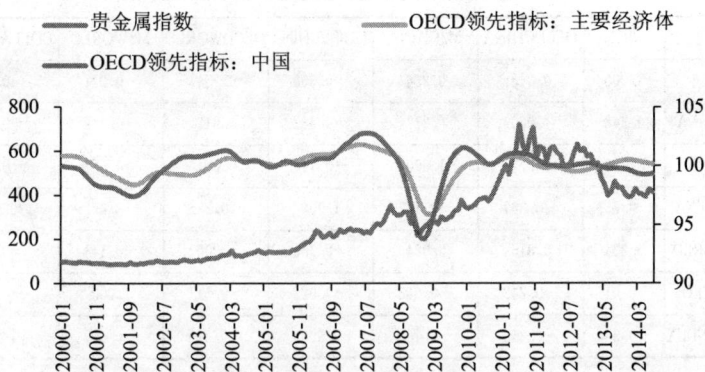

图 4.48 贵金属指数与中国、全球主要经济体 OECD 领先指数

表 4.11 大宗商品指数与中国、全球宏观因子的相关系数

	DZSP	OECDCHINA	M2CHINA	HUILVCHINA	OECDWORLD	M2WORLD	DOLLARINDEX
DZSP	1.000	0.416	0.202	−0.404	0.426	0.000	−0.389
OECDCHINA	**0.416**	1.000	0.277	−0.387	0.815	−0.242	−0.346
M2CHINA	0.202	0.277	1.000	−0.147	0.084	−0.063	−0.108
HUILVCHINA	−0.404	−0.387	−0.147	1.000	−0.386	−0.022	0.909
OECDWORLD	**0.426**	0.815	0.084	−0.386	1.000	−0.141	−0.346
M2WORLD	0.000	−0.242	−0.063	−0.022	−0.141	1.000	−0.095
DOLLARINDEX	−0.389	−0.346	−0.108	0.909	−0.346	−0.095	1.000

表 4.12 农产品指数与中国、全球宏观因子的相关系数

	NCP	OECDCHINA	M2CHINA	HUILVCHINA	OECDWORLD	M2WORLD	DOLLARINDEX
NCP	1.000	0.294	0.083	−0.287	0.301	0.008	−0.268
OECDCHINA	**0.294**	1.000	0.277	−0.387	0.815	−0.242	−0.346
M2CHINA	0.083	0.277	1.000	−0.147	0.084	−0.063	−0.108
HUILVCHINA	−0.287	−0.387	−0.147	1.000	−0.386	−0.022	0.909
OECDWORLD	**0.301**	0.815	0.084	−0.386	1.000	−0.141	−0.346
M2WORLD	0.008	−0.242	−0.063	−0.022	−0.141	1.000	−0.095
DOLLARINDEX	−0.268	−0.346	−0.108	0.909	−0.346	−0.095	1.000

表 4.13　化工品指数与中国、全球宏观因子的相关系数

	HGP	OECDCHINA	M2CHINA	HUILVCHINA	OECDWORLD	M2WORLD	DOLLARINDEX
HGP	1.000	0.348	0.236	−0.359	0.334	−0.011	−0.346
OECDCHINA	0.348	1.000	0.277	−0.387	0.815	−0.242	−0.346
M2CHINA	0.236	0.277	1.000	−0.147	0.084	−0.063	−0.108
HUILVCHINA	−0.359	−0.387	−0.147	1.000	−0.386	−0.022	0.909
OECDWORLD	0.334	0.815	0.084	−0.386	1.000	−0.141	−0.346
M2WORLD	−0.011	−0.242	−0.063	−0.022	−0.141	1.000	−0.095
DOLLARINDEX	−0.346	−0.346	−0.108	0.909	−0.346	−0.095	1.000

表 4.14　煤焦钢指数与中国、全球宏观因子的相关系数

	MJG	OECDCHINA	M2CHINA	HUILVCHINA	OECDWORLD	M2WORLD	DOLLARINDEX
MJG	1.000	0.551	0.338	−0.889	0.057	0.508	−0.053
OECDCHINA	**0.551**	1.000	0.101	−0.600	−0.161	0.520	0.114
M2CHINA	0.338	0.101	1.000	−0.521	0.833	0.251	−0.245
HUILVCHINA	**−0.889**	−0.600	−0.521	1.000	−0.187	−0.589	0.201
OECDWORLD	0.057	−0.161	0.833	−0.187	1.000	−0.008	−0.394
M2WORLD	**0.508**	0.520	0.251	−0.589	−0.008	1.000	0.031
DOLLARINDEX	−0.053	0.114	−0.245	0.201	−0.394	0.031	1.000

表 4.15　有色金属指数与中国、全球宏观因子的相关系数

	YS	OECDCHINA	M2CHINA	HUILVCHINA	OECDWORLD	M2WORLD	DOLLARINDEX
YS	1.000	0.409	0.147	−0.374	0.444	−0.061	−0.364
OECDCHINA	**0.409**	1.000	0.277	−0.387	0.815	−0.242	−0.346
M2CHINA	0.147	0.277	1.000	−0.147	0.084	−0.063	−0.108
HUILVCHINA	−0.374	−0.387	−0.147	1.000	−0.386	−0.022	0.909
OECDWORLD	**0.444**	**0.815**	0.084	−0.386	1.000	−0.141	−0.346
M2WORLD	−0.061	−0.242	−0.063	−0.022	−0.141	1.000	−0.095
DOLLARINDEX	−0.364	−0.346	−0.108	0.909	−0.346	−0.095	1.000

表 4.16　贵金属指数与中国、全球宏观因子的相关系数

	GJS	OECDCHINA	M2CHINA	HUILVCHINA	OECDWORLD	M2WORLD	DOLLARINDEX
GJS	1.000	0.183	0.108	−0.260	0.164	−0.037	−0.286
OECDCHINA	0.183	1.000	0.277	−0.387	0.815	−0.242	−0.346

	GJS	OECDCHINA	M2CHINA	HUILVCHINA	OECDWORLD	M2WORLD	DOLLARINDEX
M2CHINA	0.108	0.277	1.000	−0.147	0.084	−0.063	−0.108
HUILVCHINA	**−0.260**	−0.387	−0.147	1.000	−0.386	−0.022	0.909
OECDWORLD	0.164	0.815	0.084	−0.386	1.000	−0.141	−0.346
M2WORLD	−0.037	−0.242	−0.063	−0.022	−0.141	1.000	−0.095
DOLLARINDEX	**−0.286**	−0.346	−0.108	0.909	−0.346	−0.095	1.000

4.7 本章小结

关于大宗商品现货市场的定价理论,经济学家们提出了多种理论解释,包括劳动价值论、边际效用学、古典经济学以及信息博弈论视角,而大宗商品期货市场定价经典理论主要是存储理论、风险溢价理论、对冲压力理论,其本质上是研究期货与现货之间的关系,当越来越多的金融投资者进入大宗商品期货市场时,商品期货隐含的对未来宏观经济、金融因子预期也越来越明显,期货并非按照现货定价,现货反而跟随期货波动的现象。为了描述金融投资者参与情况下的情形,本章在Redrado(2009)异质性代理人理论模型的基础上引入了基于宏观面影响因素的预期调整,认为金融投资者同时扮演宏观面、基本面、技术面代理人的角色,从而推导出的参与者异质性定价模型显示:从长期来看,驱动商品期货价格的关键因素仍然是供需基本面以及宏观经济、金融因子。金融投资者一个显著的特征是其投资更加关注宏观经济、金融因子而非单个商品的供需,换句话说,宏观基本面与供需基本面一样起到了重要作用。最后,在Borensztein&Reinhatr(1994)的框架下,引入了货币市场,探讨局部均衡即货币市场与产品市场均衡下的大宗商品宏观定价模型,在理论上分析宏观经济预期、货币政策与流动性、汇率与大宗商品期货之间的相互关系。

按照古典经济学供求定价理论,大宗商品的价格由供给与需求的相对紧张程度来决定,然而,随着对冲基金以及量化投资技术的兴起,仅从供需角度分析来预测大宗商品价格走势往往具有很大的不确定性,以宏观因子为主的金融化因素对大宗商品的影响越来越大。目前中国经济已经跃居全球第二,仅次于美国,是大宗商品主要的进口国与消费国之一,对大宗商品的价格走势具有举足轻重的影响。为了量化研究这种影响的大小与持续性，本章以中国及全球主要经济体的宏观经济、货币流动性、汇率作为影响大宗商品金融化的主要因素，运用 SVAR 模型探讨主要因子对大宗商品走势的冲击，以及每一个结构冲击对这些变量变化的贡献度，进一步评价不同结构冲击的重要性。然而，在现实中，由于数据的缺乏，商品供需紧张程度很难刻画，本章分三种情况刻画了大豆、橡胶、螺纹钢供需紧张程度，分析了考虑基本面情况的宏观因子与基本面因子的贡献率。最后，本书考虑中国宏观因子以及全球主要经济体的宏观因子分两种情况进行实证比较，得出如下结论：

（1）大宗商品受到金融化因素影响明显。从冲击贡献率看，不考虑大宗商品期货指数自身的贡献率，中国与全球主要经济体 OECD 领先指标对大宗商品期货指数价格的贡献最大，货币供给量与汇率影响较小。中国与全球主要经济体宏观因子对大宗商品指数波动贡献率分别为17％与20％。具体而言，全球主要经济体 OECD 领先指标对大宗商品的冲击大于中国 OECD 领先指标，前者能解释 17％左右的波动，后者能解释 14％左右的波动；美元指数对大宗商品波动的贡献率大于人民币汇率。

（2）在不考虑供需基本面的情况下，由中国宏观因子扰动对大宗商品变动的贡献率总和按大小排列依次为煤焦钢（99.91％）、有色金属（16.63％）、农产品（11％）、化工品（10.99％）、贵金属（6.23％），由全球主要经济体宏观因子扰动对大宗商品板块变动的贡献率总和依次为煤焦钢（99.02％）、有色金属（20.1％）、农产品（12.72％）、化工品（11.83％）、贵金属（6.15％）。除煤焦钢、贵金属外，全球主要经济体宏观因子扰动对其他三个板块指数的贡献率明显高于中国宏观因子，换句话说，从全球范围内考虑金融化因素能更好地解释大宗商品价格的波动。

（3）在考虑供需基本面因素的情况下，因为品种属性之间的差异，无论是只考虑中国因素，还是通盘考虑全球主要经济体，由基本面扰动引起的贡献率均未超过 5％，远远低于宏观因子 15％—20％左右的贡献率，说明大宗商品的金融化现象非常明显，基于宏观因子的定价模型更适合解释大宗商品的价格波动。

（4）从相关系数来看，化工品、煤焦钢、有色金属三大工业品板块相关系数最高，其次是农产品与化工品，贵金属与其他板块之间的相关系数较小；大宗商品与中国 OECD 领先指数、中国 M2、全球主要经济

大宗商品金融化的影响研究

体呈正相关关系，与人民币汇率呈负相关关系；除贵金属外，大宗商品与美元指数呈负相关关系，与全球主要经济体 M2 同比关系不一。总体来看，所有商品与 OECD 领先指数的相关性强于其他宏观因子，全球货币流动性与大宗商品的相关性较弱，并且方向不一。

第五章

大宗商品期货对股票、债券市场的风险分散价值研究

5.1 引言

  大类资产通常包括股票、债券、大宗商品、货币四种，在过去很长一段时间内，不同经济周期中，各类资产表现不一，呈现资产轮动的特征，理论界与实务界普遍认为：大宗商品具有分散风险的功能，将大宗商品纳入资产组合能够对冲股票、债券市场的波动风险，降低组合的系统性风险。然而最近 10 年，受大宗商品金融化的影响，学者们对大宗商品能否带来分散化投资的好处提出了质疑。

  大宗商品具有分散化风险的优势得到了大量的实证支持。Lummer&Siegel（1993）把 GSCI 期货加入包含股票、债券、现金的投资组合中发现商品期货对股票与债券具有很好分散化效应，并能有效对抗通货膨胀；Georgiev（2001）发现高盛商品指数投资对于宏观因子单一的风险暴露，能够捕捉到一种潜在的正收益，商品或者商品指数可以作为资产配置的一部分。Büyük，Haigh&Robe（2007）使用动态关联和递归协整技术，发现在过去的十五年里，可投资的大宗商品与美国股票指数的价格、收益率之间的相关系数并未显著变化，没有证据表明，在极端收益时期大宗商品与股票市场收益率之间联动性增加。Chong&Miffre（2008）研究商品期货与传统资产（全球股市与固定收益指数）收益率条件相关系数的时间序列变化时指出，商品期货和 S&P500 指数收益率之间的条件相关系数随着时间的推移下降，表明商品期货已经成为战略性资产配置较好的工具。即便在股票市场波动较为剧烈的时期，其相关性也是下降的。长期机构投资者可以在股票市场高波动期获得多样化投资的好处；同样，当短期利率波动上升，大宗商品期货与国债收益率相关性下降，在短期国债组合中增加大宗商品期货能够降低利率波动风险。张雪莹、于鑫（2011）运用 BEKK - GARCH 模型研究了 2007 年 1 月—2010 年 3 月底黄金、铜、铝、大豆、棉花、玉

米期货与上证指数收益率之间条件相关系数的动态变化特征，发现商品期货与股价指数收益率之间存在较低的相关性；两者之间的相关性随股票市场波动率的增大而下降，股市波动幅度越大，商品期货与股价指数之间的相关性越低，大宗商品具有分散风险的功能。

然而，近年来大宗商品分散风险的功能越来越受到质疑。以石油为例，大量学者通过实证研究发现，石油期货价格对股票市场的影响显著。Gogineni&Division（2007）探讨了股市作为一个整体以及不同行业对石油价格变化反应发现：由于原油供给改变或者由总需求变化带来的正面效应引起油价的负面变化，尽管财经媒体认为油价对股票市场有影响，平均来说，这种影响很小而且仅仅在油价剧烈变动时才会在经济上显著。除了石油敏感行业，其他不使用石油的行业也对油价敏感。Park&Rattia（2007）通过对美国和13个欧洲国家的1986年1月—2005年12月的数据实证发现，石油价格冲击对实际股票收益在统计上有显著影响。挪威作为一个石油出口国，石油价格上升后真实股票收益有一个明显的正向反应，从方差分解的结果来看，石油价格冲击能解释股票收益波动的6%。对大多数欧洲国家来说，油价波动加剧显著压低股票收益。Kilian&Park（2007）表明美国股票收益率反应差异取决于原油价格上涨是否由需求和供给冲击引起的。传统的观点认为，油价上涨必然导致股价下跌，被证明仅适用于原油市场需求冲击，如增加对原油需求反映了对未来石油供应短缺的担忧。与此相反，对工业大宗商品的全球需求正冲击导致油价和股价走高，这有助于解释近期美国股市、油价的飙升。石油供给冲击对收益没有显著影响。长期来看，石油需求和石油供应冲击能够说明美国股票收益率变动的22%。Filis（2009）协整和VECM探讨希腊消费者物价指数，工业生产，股市和油价之间的关系，采用多变量VAR模型来审视周期成分之间的关系。该研究期间为1996年1月—2008年6月。研究结果表明，从长远来看，周期成分股的分析表明，石油价格对股市产生了显著的负面影响。

随着大宗商品金融属性凸显，除了石油之外，这种质疑已经扩散到非能源类商品上。Silvennoinen&Thorp（2010），Tang&Xiong（2010）以及Daskalakia&Skiadopoulos（2011）都一致认为：在金融危机期间商品期货与股票价格之间的联动性显著提高，通过大宗商品分散化投资的好处正在衰减。Delatte&Lopez（2012）提出了识别股票和商品期货之间存在的相关性结构，及其过去近20年的演变。为了不强加依赖结构，采取灵活的方式对商品（金属，农产品与能源）和股市建模监测两者之间是否联动，结果显示：从 1990 年 1 月至 2012 年 2 月，这种相关性是时变的。第一，大宗商品和股票之间的相关性是时变的，大部分时间是对称的。第二，不容许在依赖时间变化的参数分布产生对尾部相关的证据偏见。同样，考虑到只有尾部依赖可能会导致不对称问题。第三，2003 年开始越来越多的工业金属和股票市场之间的联动，这种联动扩散到所有的商品类别并在 2008 年全球金融危机后进一步加强。Li，Zhang&Du（2012）从两个方面区分自己从以往的研究：它研究长期趋势和短期趋势中大宗商品与股票的相关系数，过去十年中，45 个股票市场中，有 32 个显示与商品期货市场的相关系数是长期来看是增强的，43 个市场的相关性在金融、经济危机期间出现大幅上升。当这些股票市场波动加大时，39 个股票市场与商品期货市场条件相关性沿着长期趋势或者位于趋势之上，研究结果表明：商品期货的多元化的好处衰减是长期和全球性现象。Boonsy&Szymanowskax（2013）商品风险可以由美国股票横截面收益定价。自商品期货现代化法案（CFMA）在 2000 年颁布以来，投资者可以在期货市场直接对冲商品价格风险，主要通过商品指数投资，而之前主要通过股票市场来获得风险暴露。股票价格里包含的商品风险从 CFMA 公布前的每年—5.5％到 CFMA 公布后的每年 8.5％。

以往的研究存在几个问题：首先，大量文献对欧美市场大宗商品与股票市场之间的关系做了研究，却很少有研究中国市场的；其次，中国学者如张雪莹、于鑫（2011）研究的样本数据太短，主要是金融危机之后，笼统地将单个商品与整个股票市场如上证指数作为考察对象，并未一一对应，得出的结论难以保证其准确性。相对于以往的研究，本文的扩展之处在于，把大宗商品与股票市场、债券市场联系起来，一方面从更长的时间范围内考察大宗商品与股票市场之间的关系，分三个阶段研究整个大宗商品指数与沪深 300 指数、大宗商品板块与相关行业股票指数、商品期货品种与相关个股之间的相关性，并进行横向与纵向的比较，揭示大宗商品期货风险分散功能的价值；另一方面，由于金融投资者的兴起，金融化大宗商品与股票市场的关系越来越密切，本章根据大宗商品不同板块之间的商品属性与金融属性，考察不同属性成分对股票市场的影响差异，以探讨价格之间的风险传导以及信息扩散机制。

5.2 商品金融化因素的传导机制以及大类资产之间的互动机理

5.2.1 货币因素传导

一般来说，扩张性的货币政策会导致实际利率水平的下降，从而促使投资增加，投资增加引发预期需求增加，从而预期大宗商品价格上涨而吸引更多的资金进入商品市场。由于资本具有逐利性，增加的投资并非都进入实体领域，其中一部分资金会进入大宗商品市场，从而导致投机资金增加，反应在商品期货市场上就是资金对市场价格的拉升、压制，此时决定大宗商品价格走势的往往不是供需基本面，而是投资成本，即无风险利率。另一方面，当货币政策放松，金融投资者预期需求改善，从而大宗商品期货价格即将上涨，即使没有增量资金进入，金融投资者的投资行为也会导致大宗商品价格加速上涨。因此，大宗商品价格走势与货币政策、利率走势息息相关，从而导致价格偏离其基本面即商品金融化现象发生。

5.2.2 资产价格传导

通常来说，当货币政策处于宽松时，家庭部门的财富就会增加，从而消费增加，导致商品价格上升；另一方面，货币政策宽松时，股票、大宗商品资产价格就会上升，本币购买力下降，资本就会流入大宗商品期货市场进行保值增值。

具体来说，当央行推行扩张性货币政策时，股票、商品资产价格上升，同时个人与企业可支配的货币数量增多，财富效应刺激消费与投资增加，企业盈利增加的结果是终端需求被激发，从而增加对大宗商品原材料如铁矿石、铜矿、原油的需求，大宗商品价格上涨。此外，个人与企业财富增加也会增加微观主体的投融资活动。流入大宗商品市场的资金越多，通货膨胀预期也会越强，易于储藏，且与宏观经济密切相关的金融工具其抗通货膨胀能力就会越强。不同属性的商品可以在期货交易所里买卖，使得运用不同商品进行资产配置成为可能。例如铜的进出口贸易中，相当一部分来自于中国与欧美利差较大产生的融资需求，而非传统意义上的消费需求，当金融需求超过实际需求时，其金融属性就会日益明显。当投资者预期通货膨胀时，就会买入贵金属、有色金属、能源化工等商品来抵御通货膨胀；反之，当投资预期通货紧缩时，就会抛空这些品种，从而对冲资产价格缩水的风险。金融投资者的资产配置需求以及保值需求，使得商品价格与股票市场、债券市场的联动越来越强，以至于传统的季节性规律以及价格周期完全被破坏，金融化现象日益明显。

　　大宗商品对股票市场的影响，通常可以从三个方面进行传导。第一，大宗商品的波动会影响以大宗商品产业链上下游的上市公司，如当商品价格上涨时，处于供应链上游的企业受益，EPS 提高，则股价上涨；处于供应链下游的企业成本提高，EPS 下降，股价下降。受财务信息公布影响，这类传导通常具有一定时滞。第二，大宗商品的波动可能引发股票市场的"羊群效应"，与大宗商品相关的行业大多是周期性股票，EPS 容易受行业系统性因素的影响，股票板块联动性较强。即使大宗商品价格波动只对少数企业产生影响，板块联动效应将使得整个板块对大宗商品冲击做出反应，与第一种传导方式相比仍然有时滞。由于时滞的存在以及大宗商品与股票的定价机制之间的差异，其相关性往往表现较弱，从而把大宗商品作为一种资产类别加入投资组合，可以享受多元化投资的好处。第三，商品金融化下大宗商品市场与股票市场的联动性越来越强，以煤焦钢、有色金属为代表的大宗商品受金融化因素的影响越来越大，过去的传导模式发生了结构性变化，由于金融投资者对宏观因子的判断具有明显的优势，股票市场与大宗商品的互动关系可能超越两者之间的经济关系而存在。

　　大宗商品对债券市场的影响，主要是通过影响货币政策来影响利率价格走势。当经济复苏时，对大宗商品的需求旺盛，大宗商品价格上涨，一直到经济出现过热，为了对抗不断上涨的通胀压力，央行通常会加息或者提高存款准备金率，从而债券走弱。反之则相反。

5.2.3　国外市场传导

　　商品价格内外联动已经被大多数学者所证实，事实上，由于中国存在资本管制，国外市场大宗商品金融化现象对国内传导主要有三条路径：一是通过现货进口价格影响中国现货商品价格。目前中国已经是世界上最大的原材料、农产品消费国与进口国，但缺少相应的定价权，进口价格往往是按照欧美市场的基准价加升贴水来确定。例如中国大豆、铜进口都是采用期货市场点价定价模型，这样欧美市场的商品金融化因素导致的价格波动就会通过采购环节传导到中国内地市场。二是套利机制限制。由于大宗商品进口限制较少，物流基本通畅，且大宗商品同质性较高。市场上存在大量的金融资本进行内外套利以及期现套利，当国际大宗商品波动时，国内市场也会跟随波动，否则就会出现套利空间，套利限制使商品价格的内外联动也日渐显著。三是信息传递效率提高。互联网金融的兴起以及国内市场夜盘交易的开通，无论是机构投资者，还是个人投资者，都可以通过行情软件、Bloomberg、Wind 等资讯终端第一时间了解全球主要经济体的经济数据、事件、行情走势，一旦国外市场有点风吹草动，都会迅速反应在国内市场上，形成相应的上涨或下跌预期。

5.3 大宗商品期货对资产配置的风险分散价值

5.3.1 数据与方法

本节选取大宗商品指数、10 年期国债到期收益率、五个商品期货板块指数以及相关的股票指数、个股收盘数据作为研究对象。其中，大宗商品期货指数、商品板块指数来自文华财经，煤焦钢指数、贵金属指数通过加权合成，股票板块指数及个股收盘数据来自 Wind。考虑到股票板块指数、沪深 300 指数样本数据起始于 2004 年 12 月 31 日，我们把 2004 年 12 月 31 日作为基准日，根据大宗商品期货指数的波动情况把历史数据划分为三个阶段，如图 5.1 与图 5.2 所示，第一阶段：单边上涨，2004 年 12 月 31 日—2008 年 3 月 3 日；第二阶段：先跌后涨，2008 年 3 月 4 日—2011 年 2 月 14 日；第三阶段：单边下跌，2011 年 2 月 15 日—2014 年 8 月 5 日。煤焦钢、PVC 因上市较晚，在第一阶段缺乏相应的数据。

本节首先分三个阶段考察大类资产如商品期货、沪深 300 股票指数、10 年国债到期收益率的波动率以及相关系数；其次，考察农产品、化工品、煤焦钢、有色金属、贵金属五大期货板块指数与相应的股票指数的波动率以及相关系数；再次，从微观层面研究单个期货品种与代表性个股的波动率以及相关性。

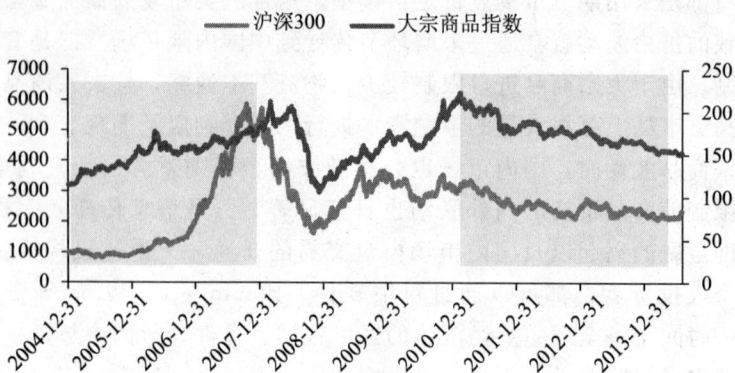

图 5.1　大宗商品、股票市场三个阶段走势

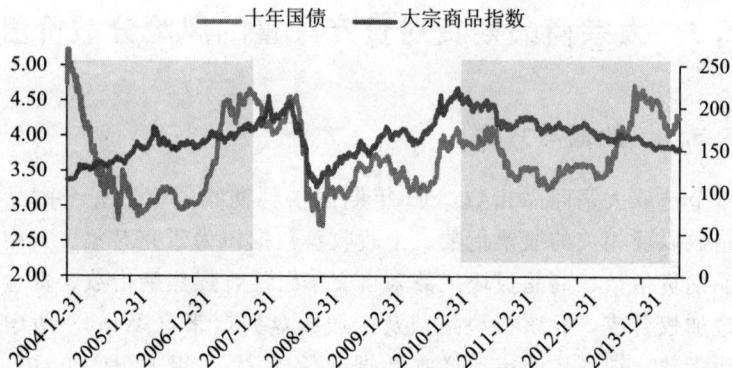

图 5.2　大宗商品、国债市场三个阶段走势

5.3.2　实证分析

　　表 5.1 的数据显示，从纵向看，大宗商品期货指数与沪深 300 指数的相关系数先降后升，第三阶段达到 0.892；大宗商品期货指数与 10 年期国债到期收益率相关系数先升后降，在第二阶段即金融危机期间表现出较高的相关性，其他两个阶段方向不一；除农产品外，其他商品期货板块指数与对应的股票板块指数的相关系数在三个阶段中呈现逐步上升趋势，最近三年这一趋势进一步加强，也就是说，以煤焦钢、有色金属、贵金属为首的工业品期货金融化趋势愈加明显。

表 5.1 大宗商品、债券、板块指数与股票指数、板块不同阶段的相关系数

	第一阶段	第二阶段	第三阶段
大宗商品期货与沪深 300 指数	0.786	0.634	0.892
大宗商品期货与 10 年期国债	0.078	0.779	−0.284
农产品期货与农业股票指数	0.893	0.793	0.690
化工品期货与基础化工股票指数	0.223	0.768	0.854
煤焦钢期货与煤炭钢铁股票指数	/	0.301	0.941
有色金属期货与有色金属股票指数	0.282	0.686	0.948
贵金属期货与贵金属股票指数	0.783	0.772	0.919

从横向看，在第一阶段，农产品与农业股票指数相关系数最高，达到 0.83；在第二阶段，农产品、贵金属的相关系数出现下降，但农产品与农业股票指数的相关系数仍然稳居第一，其他板块的相关系数出现了明显上升，并迅速逼近农产品；在第三阶段，煤焦钢、有色金属、贵金属期货板块与对应股票板块指数的相关系数较前两个阶段迅速上升，达到 0.90 以上，相反，农产品期货指数与农业板块股票指数相关系数下降到 0.69。

表 5.2 显示除贵金属股票指数外，大宗商品、沪深 300 指数、各板块期货指数及股票指数收益率标准差在第二阶段达到峰值，随后逐步降低，第三阶段的标准差明显低于第一阶段，暗示金融危机期间，股票、大宗商品市场的波动率明显加大。结合表 5.1 数据，不难看出，在第一阶段至第二阶段，大宗商品期货价格与股票板块指数的相关系数随着波动率加大而上升，第二阶段到第三阶段，大宗商品期货价格与对应股票指数的相关系数反而随波动率的降低而增大，这意味着大宗商品与股票市场的相关性与资产价格本身的波动率并无直接关系。

表 5.2 大宗商品、债券、股票市场不同阶段的波动率

	第一阶段		第二阶段		第三阶段	
大宗商品期货 \ 沪深 300 指数	0.83%	1.83%	1.21%	2.28%	0.66%	1.27%
大宗商品期货 \ 10 年期国债	0.83%	1.42%	1.21%	0.93%	0.66%	0.66%
农产品期货 \ 农业股票指数	0.77%	2.21%	1.20%	2.80%	0.59%	1.65%
化工品期货 \ 基础化工股票指数	1.24%	2.02%	1.53%	2.34%	0.96%	1.51%
煤焦钢期货 \ 煤炭钢铁股票指数	/	/	0.68%	2.29%	1.17%	1.50%
有色金属期货 \ 有色金属股票指数	1.53%	2.60%	1.74%	3.16%	0.98%	1.79%
贵金属期货 \ 贵金属股票指数	1.57%	3.50%	1.91%	3.31%	1.61%	1.85%

接下来，从更加微观的层面观测大宗商品期货单个品种与对应股票之间的关系，表 5.3 显示，白糖、螺纹钢、沪铜期货与股票的相关系数在第三阶段达到 0.9 左右，除白糖在第一阶段、黄金在第二阶段、PVC 在第三阶段表现出负相关外，其他均表现出正相关关系，与从大类资产、板块指数方面的实证结果大体一致。

表 5.3　大宗商品期货与相关个股不同阶段的相关系数

	第一阶段	第二阶段	第三阶段
白糖期货与南宁糖业	−0.142	0.729	0.928
PVC 期货与英力特	/	0.752	−0.839
螺纹钢期货与鞍钢股份	/	−0.163	0.898
沪铜期货与云南铜业	0.502	0.580	0.902
黄金期货与山东黄金	0.854	−0.058	0.701

总体而言，受商品金融化的影响，过去大宗商品期货价格向股票市场的传导模式值得怀疑，在大类资产配置时试图通过投资大宗商品以分散组合价格风险难度越来越大，有必要研究大宗商品市场与资本市场风险传染机制与信息扩散机制，为金融风险监管、大类资产投资决策提供指引。

5.4　大宗商品期货与股票、债券市场的风险传染机制

5.4.1　数据与方法

1. 数据

本节选取大宗商品指数、10 年期国债到期收益率、五个商品期货板块指数以及相关的股票指数、个股收盘数据作为研究对象。其中，大宗商品期货指数、商品板块指数来自文华财经，煤焦钢指数、贵金属指数通过加权合成，股票板块指数及个股收盘数据来自 Wind。所有的样本数据自 2004 年 12 月 31 日开始至 2014 年 8 月 5 日，煤焦钢指数、白糖、PVC、螺纹钢期货数据自上市之日起开始计算至 2014 年 8 月 5 日，股票停牌日收盘价数据通过平滑处理获得。

2. 方法

在风险传染机制方面，为了有效描述多个市场时间的波动溢出效应，本节选取多元 GARCH 模型。除了要设定协方差随时间运动的方

程外，多元 GARCH 与一元 GARCH 类似。Engle 和 Kroner（1995）提出的多元 BEKK - GARCH 模型不仅保证了协方差矩阵的正定性，而且模型中待估计的参数较少，有效解决了多元 GARCH 模型中的"维数灾难"问题。而 GARCH（1，1）模型被普遍认为可以较好地代表一个高阶 GARCH 模型，从而使模型的识别与估计相对容易，本节对大宗商品市场与资本市场的波动溢出效应主要采用 BEKK - GARCH（1，1）模型。对于大宗商品期货、股票、债券市场，三元 BEKK - GARCH（1，1）模型的均值方程为：

$$r_t = \alpha + \beta r_{t-1} + \varepsilon_t, \ \varepsilon_t \mid I_{t-1} \sim N(0, H_t) \tag{5.1}$$

其矩阵形式为：

$$\begin{bmatrix} r_{1,t} \\ r_{2,t} \\ r_{3,t} \end{bmatrix} = \begin{bmatrix} \alpha_1 \\ \alpha_2 \\ \alpha_3 \end{bmatrix} + \begin{bmatrix} \beta_{11} & \beta_{12} & \beta_{13} \\ \beta_{21} & \beta_{22} & \beta_{23} \\ \beta_{31} & \beta_{32} & \beta_{33} \end{bmatrix} \begin{bmatrix} r_{1,t-1} \\ r_{2,t-1} \\ r_{3,t-1} \end{bmatrix} + \begin{bmatrix} \varepsilon_{1,t} \\ \varepsilon_{2,t} \\ \varepsilon_{3,t} \end{bmatrix} \tag{5.2}$$

其中，$r_{1,t}$、$r_{2,t}$、$r_{3,t}$ 分别代表大宗商品期货、股票、债券市场第 t 期的价格收益率；α_1、α_2、α_3 为常数项；β_{11}、β_{22}、β_{33} 分别表示大宗商品、股票、债券市场价格收益率对自身前期变化的影响程度；β_{12}、β_{21} 表示股票（大宗商品）市场前一期价格收益率的波动对当期大宗商品（股票）价格收益率的影响；β_{13}、β_{31} 表示债券（大宗商品）市场前一期价格收益率的波动对当期大宗商品（债券）价格收益率的影响；β_{23}、β_{32} 表示债券（股票）市场前一期价格收益率的波动对当期股票（债券）价格收益率的影响；$\varepsilon_{1,t}$、$\varepsilon_{2,t}$、$\varepsilon_{3,t}$ 为残差项，在信息集 I_{t-1} 条件下，残差项服从均值为零，方差为 H_t 的正态分布。三元 BEKK - GARCH 模型中条件方差的设定形式为：

$$H_t = C'C + B'H_{t-1}B + A'(\varepsilon_{t-1}\varepsilon_{t-1}')A \tag{5.3}$$

其矩阵形式为：

$$\begin{bmatrix} h_{11,t} & h_{12,t} & h_{13,t} \\ h_{21,t} & h_{22,t} & h_{23,t} \\ h_{31,t} & h_{32,t} & h_{33,t} \end{bmatrix} =$$

$$\begin{bmatrix} c_{11} & 0 & 0 \\ c_{21} & c_{22} & 0 \\ c_{31} & c_{32} & c_{33} \end{bmatrix} + \begin{bmatrix} b_{11} & b_{12} & b_{13} \\ b_{21} & b_{22} & b_{23} \\ b_{31} & b_{32} & b_{33} \end{bmatrix}' \begin{bmatrix} h_{11,t-1} & h_{12,t-1} & h_{13,t-1} \\ h_{21,t-1} & h_{22,t-1} & h_{23,t-1} \\ h_{31,t-1} & h_{32,t-1} & h_{33,t-1} \end{bmatrix}$$

$$\begin{bmatrix} b_{11} & b_{12} & b_{13} \\ b_{21} & b_{22} & b_{23} \\ b_{31} & b_{32} & b_{33} \end{bmatrix} +$$

$$
\begin{bmatrix} \alpha_{11} & \alpha_{12} & \alpha_{13} \\ \alpha_{21} & \alpha_{22} & \alpha_{23} \\ \alpha_{31} & \alpha_{32} & \alpha_{33} \end{bmatrix}' \begin{bmatrix} e_{1,t-1}{}^2 & e_{2,t-1}\,e_{1,t-1} & e_{1,t-1}\,e_{3,t-1} \\ e_{1,t-1}\,e_{2,t-1} & e_{2,t-1}{}^2 & e_{2,t-1}\,e_{3,t-1} \\ e_{1,t-1}\,e_{3,t-1} & e_{2,t-1}\,e_{3,t-1} & e_{3,t-1}{}^2 \end{bmatrix}
$$

$$
\begin{bmatrix} \alpha_{11} & \alpha_{12} & \alpha_{13} \\ \alpha_{21} & \alpha_{22} & \alpha_{23} \\ \alpha_{31} & \alpha_{32} & \alpha_{33} \end{bmatrix} \tag{5.4}
$$

其中，H_t 为条件残差在第 t 时期的方差协方差矩阵；C 为下三角矩阵；A 为 ARCH 项系数矩阵，即前一期冲击 ε_{t-1} 对当前条件方差 H_t 的影响；B 为 GARCH 项系数矩阵，即前一期条件方差 H_{t-1} 对当前条件方差的影响；h_{11}、h_{22}、h_{33} 分别为大宗商品、股票、债券市场的条件方差；h_{12}、h_{21}、h_{13}、h_{31}、h_{23}、h_{32} 分别表示三个市场之间的条件协方差。

从三元 BEKK - GARCH（1，1）模型可以看出，以股票市场为例，股票市场的价格波动因素主要来自于两个方面：一是股票市场本身前一期残差 $e_{2,t-1}$、大宗商品市场前一期残差 $e_{1,t-1}$、债券市场的前一期残差 $e_{3,t-1}$ 以及他们之间的相互影响 $e_{2,t-1}\,e_{3,t-1}$、$e_{2,t-1}\,e_{1,t-1}$；二是股票市场前一期条件方差 $h_{22,t-1}$、大宗商品市场前一期条件方差 $h_{11,t-1}$、债券市场前一期条件方差 $h_{33,t-1}$ 以及协方差 $h_{21,t-1}$、$h_{23,t-1}$ 的相互影响。因此，检测大宗商品、股票、债券市场的波动溢出效应可以通过考察系数 α_{12}、α_{21}、α_{13}、α_{31}、α_{23}、α_{32} 和 b_{12}、b_{21}、b_{13}、b_{31}、b_{23}、b_{32} 是否显著异于零。若显著异于零，意味着大宗商品、股票、债券市场存在双向波动溢出效应；若不能拒绝零假设，则说明三个市场之间只存在单项溢出效应或者不存在溢出效应。

模型参数的估计采用极大似然估计法，在正态分布假设下，对数似然函数的估计形式为：

$$
I(\varphi) = -\frac{TN}{2}\ln(2\pi) - \frac{1}{2}\sum_{t=1}^{T}(\ln|H_{t-1}| + (\varepsilon_{t-1}{}' H_{t-1}{}^{-1}\varepsilon_{t-1}))
$$

$$\tag{5.5}$$

其中，φ 为所有待估计的参数，N 为序列数量，T 为样本量。所有的 BEKK - GARCH 模型估计通过 Winrats7.0 软件编程实现。

5.4.2 实证分析

接下来，我们把大宗商品、股票市场、债券市场分为三个层次，检测不同市场之间的波动溢出效应，从而更好地理解金融化大宗商品对股票市场、债券市场的风险传染机制。第一个层次是大类资产指数，即大宗商品指数、股票指数、国债指数；第二个层次是商品板块指数、股票板块指数、国债指数；第三个层次是单个商品指数、单个股票价格、国债指数。

1. 大宗商品期货指数、沪深 300 股指、10 年期国债

式 5.1 中 BEKK - GARCH（1，1）模型估计的结果显示：在条件方差的参数估计结果中，系数 α_{11}、α_{22}、α_{33} 估计值均在 1％的水平上显著，表明该时期大宗商品期货指数、沪深 300 股指、10 年期国债的波动具有较强的 ARCH 效应，即方差具有时变性。b_{11}、b_{22}、b_{33} 估计值均在 1％的水平上显著，说明大宗商品期货指数、沪深 300 股指、10 年期国债价格波动具有较强的 GARCH 效应，即表现出波动的持久性。系数 α_{12}、α_{21} 在 10％的水平上不显著，即沪深 300 指数（大宗商品期货指数）上一期的冲击对大宗商品期货指数（沪深 300 股指）波动影响不显著。b_{12}、b_{21} 估计值在 1％的水平上显著，即沪深 300 指数（大宗商品期货指数）上一期的条件方差对大宗商品期货指数（沪深 300 股指）波动影响显著，表明大宗商品与股票市场存在双向波动溢出效应。

系数 α_{13}、b_{13} 在 1％的水平上显著，即 10 年期国债上一期的冲击、上一期的条件方差对大宗商品期货指数波动影响显著。α_{31}、b_{31} 在 10％的水平上不显著，即大宗商品指数上一期的冲击、上一期的条件方差对 10 年期国债波动影响不显著，表明国债市场向大宗商品市场存在单向波动溢出效应。

系数 α_{23}、α_{32}、b_{32} 在 10％的水平上不显著，即 10 年期国债（沪深 300 股指）上一期的冲击对大宗商品期货指数（10 年期国债）波动影响不显著，沪深 300 股指上一期的条件方差对 10 年期国债波动影响不显著。b_{23} 在 5％的水平上显著，即 10 年期国债上一期的条件方差对股票市场的影响显著，表明国债市场向股票市场存在单向波动溢出效应。

表 5.4　大宗商品期货指数、沪深 300 指数与债券市场的 BEKK - GARCH 模型估计结果

$$\begin{bmatrix} c_{11} & 0 & 0 \\ c_{21} & c_{22} & 0 \\ c_{31} & c_{32} & c_{33} \end{bmatrix}$$

0.00053***	0	0
(4.7030)	(_)	(_)
0.00063**	0.00083***	0
(2.4507)	(4.5171)	(_)
0.00104***	−0.00014	0.00059**
(5.5834)	(−0.6890)	(2.1177)

$$\begin{bmatrix} a_{11} & a_{12} & a_{13} \\ a_{21} & a_{22} & a_{23} \\ a_{31} & a_{32} & a_{33} \end{bmatrix} \begin{bmatrix} 0.20322\ ^{***} & 0.02803 & 0.08054\ ^{***} \\ (14.5454) & (1.3759) & (6.3416) \\ -0.00262 & 0.13914\ ^{***} & -0.00049 \\ (-0.4395) & (10.6711) & (-0.0781) \\ 0.00856 & 0.02859 & 0.36556\ ^{***} \\ (0.8379) & (1.4071) & (17.2115) \end{bmatrix}$$

$$\begin{bmatrix} b_{11} & b_{12} & b_{13} \\ b_{21} & b_{22} & b_{23} \\ b_{31} & b_{32} & b_{33} \end{bmatrix} \begin{bmatrix} 1.04189\ ^{***} & 0.88116\ ^{***} & 0.09168\ ^{***} \\ (144.8436) & (11.4669) & (4.0590) \\ -0.14846\ ^{***} & -1.05278\ ^{***} & -0.00456\ ^{**} \\ (-9.1087) & (-148.7953) & (-2.2001) \\ 0.01108 & 0.01072 & -0.92065\ ^{***} \\ (0.5308) & (0.8977) & (2.1177) \end{bmatrix}$$

2. 大宗商品板块指数、股票板块指数、10 年期国债

（1）农产品期货、农业股票指数、10 年期国债

表 5.5 中 BEKK - GARCH（1，1）模型估计的结果显示：在条件方差的参数估计结果中，系数 α_{11}、α_{22}、α_{33} 估计值均在 1% 的水平上显著，表明该时期农产品期货指数、农业股票指数、10 年期国债的波动具有较强的 ARCH 效应，即方差具有时变性。b_{11}、b_{22}、b_{33} 估计值均在 1% 的水平上显著，说明农产品期货指数、农业股票指数、10 年期国债价格波动具有较强的 GARCH 效应，即表现出波动的持久性。系数 α_{12}、α_{21} 在 10% 的水平上不显著，即农业股票指数（农产品期货指数）上一期的冲击对农产品期货指数（农业股票指数）波动影响不显著。b_{12} 估计值在 1% 的水平上显著但 b_{21} 不显著，即农业股票指数上一期的条件方差对农产品期货指数波动影响显著，但农产品期货指数上一期的条件方差对农业股票指数波动影响不显著，表明农业股票对农产品期货指数存在单向波动溢出效应。

系数 α_{13} 在 10% 的水平上显著，α_{31} 在 1% 的水平上显著，即 10 年期国债（农产品期货）上一期的冲击对农产品期货（10 年期国债）波动影响显著；b_{13}、b_{31} 在 1% 的水平上显著，即 10 年期国债（农产品期货）上一期的条件方差对农产品期货（10 年期国债）波动影响显著，表明 10 年期国债与农产品期货指数存在双向波动溢出效应。

系数 α_{23}、α_{32} 在 1% 的水平上显著，即 10 年期国债（农业股票指数）上一期的冲击对农产品期货（10 年期国债）波动影响显著；b_{23} 在 5% 的水平上显著，即 10 年期国债指上一期的条件方差对农业股票指数

波动影响显著；b_{32} 在 1％的水平上显著，即农业股票指数上一期的条件方差对 10 年期国债波动影响显著，表明 10 年期国债与农业股票存在双向波动溢出效应。

表 5.5　农产品期货、农业股票指数与债券市场的 BEKK - GARCH 模型估计结果

$$\begin{bmatrix} c_{11} & 0 & 0 \\ c_{21} & c_{22} & 0 \\ c_{31} & c_{32} & c_{33} \end{bmatrix}$$

0.00084***	0	0
(7.8410)	(_)	(_)
0.00013	0.00165***	0
(0.2073)	(5.5390)	(_)
0.00047***	0.00022	0.00117***
(2.9843)	(1.1816)	(11.2113)

$$\begin{bmatrix} a_{11} & a_{12} & a_{13} \\ a_{21} & a_{22} & a_{23} \\ a_{31} & a_{32} & a_{33} \end{bmatrix}$$

0.23556***	0.02320	0.02664*
(15.1800)	(0.6552)	(1.7088)
0.00075	0.17125***	0.01363***
(0.1399)	(12.1505)	(2.7168)
0.04245***	0.06953***	0.35739***
(3.8639)	(3.3096)	(17.4054)

$$\begin{bmatrix} b_{11} & b_{12} & b_{13} \\ b_{21} & b_{22} & b_{23} \\ b_{31} & b_{32} & b_{33} \end{bmatrix}$$

0.96627***	1.18428***	−0.02181***
(75.1986)	(9.9112)	(−3.1448)
0.00005	−0.97980***	0.01833**
(0.0029)	(−83.6711)	(2.4997)
−0.01553***	0.23347***	0.92308***
(−3.6769)	(6.6930)	(120.8919)

（2）化工品期货、化工股股票指数、10 年期国债

表 5.6 中 BEKK - GARCH（1，1）模型估计的结果显示：在条件方差的参数估计结果中，系数 α_{11}、α_{22}、α_{33} 估计值均在 1％的水平上显著，表明该时期化工品期货、化工股股票指数、10 年期国债的波动具有较强的 ARCH 效应，即方差具有时变性。b_{11}、b_{22}、b_{33} 估计值均在 1％的水平上显著，说明化工品期货、化工股股票指数、10 年期国债波动具有较强的 GARCH 效应，即表现出波动的持久性。系数 α_{12} 在 1％的水平上显著，系数 α_{21} 在 5％的水平上显著，即化工股票指数（化工品期货指数）上一期的冲击对化工品期货指数（化工股票指数）波动影响显著；b_{12}、b_{21} 估计值在 1％的水平上显著，即化工股票指数（化工品期货指数）上一期的条件方差对化工品期货指数（化工股票指数）波动影响显著，表明化工股票与化工品期货指数存在双向波动溢出效应。

系数 α_{13} 在 1％的水平上显著 但α_{31} 不显著，即 10 年期国债上一期的冲击对化工品期货指数波动影响显，但化工品期货指数上一期的冲击

对 10 年期国债期货波动影响不显著；b_{13} 在 1% 的水平上显著，b_{31} 在 5% 的水平上显著，即 10 年期国债（化工品期货指数）上一期的条件方差对化工品期货指数（10 年期国债）波动影响显著，表明 10 年期国债与化工品期货指数存在双向波动溢出效应。

系数 α_{23} 在 1% 的水平上显著，α_{32} 在 10% 的水平上显著，即 10 年期国债（化工股票指数）上一期的冲击对化工股票指数（10 年期国债）波动影响显著；b_{23}、b_{32} 在 5% 的水平上显著，即 10 年期国债（化工股票指数）上一期的条件方差对化工品期货指数（10 年期国债）波动影响显著，表明 10 年期国债与化工股票指数存在双向波动溢出效应。

表 5.6 化工品期货、化工股票指数与债券市场的 BEKK - GARCH 模型估计结果

$$\begin{bmatrix} c_{11} & 0 & 0 \\ c_{21} & c_{22} & 0 \\ c_{31} & c_{32} & c_{33} \end{bmatrix}$$

0.00076 ***	0	0
(4.7903)	(_)	(_)
0.00019	0.00021	0
(0.4278)	(0.5351)	(_)
0.00098 ***	0.00011	0.00092 ***
(7.3605)	(1.1129)	(6.5377)

$$\begin{bmatrix} a_{11} & a_{12} & a_{13} \\ a_{21} & a_{22} & a_{23} \\ a_{31} & a_{32} & a_{33} \end{bmatrix}$$

0.21797 ***	0.14899 ***	0.04728 ***
(15.6821)	(12.1777)	(4.5812)
−0.01290 **	−0.08268 ***	0.01641 ***
(−1.7347)	(−8.6611)	(2.7854)
0.01005	0.04604 *	0.39678 ***
(0.6560)	(1.8717)	(20.3199)

$$\begin{bmatrix} b_{11} & b_{12} & b_{13} \\ b_{21} & b_{22} & b_{23} \\ b_{31} & b_{32} & b_{33} \end{bmatrix}$$

0.99684 ***	0.68900 ***	0.11311 ***
(267.8318)	(15.9402)	(5.8299)
−0.07493 ***	−1.02222 ***	−0.00472 **
(−40.7911)	(−602.8985)	(−2.5430)
0.07152 **	0.03294 **	−0.90280 ***
(1.7559)	(2.0707)	(−110.0363)

（3）煤焦钢期货、煤焦钢股票指数、10 年期国债

表 5.7 中 BEKK - GARCH（1，1）模型估计的结果显示：在条件方差的参数估计结果中，系数 α_{11}、α_{22}、α_{33} 估计值均在 1% 的水平上显著，表明该时期煤焦钢期货、煤焦钢股票指数、10 年期国债的波动具有较强的 ARCH 效应，即方差具有时变性。b_{11}、b_{22}、b_{33} 估计值均在 1% 的水平上显著，说明煤焦钢期货、煤焦钢股票指数、10 年期国债波动具有较强的 GARCH 效应，即表现出波动的持久性。系数 α_{12}、α_{21} 在 10% 的水平上不显著，即煤焦钢股票指数（煤焦钢期货指数）上一期的

冲击对煤焦钢期货指数（煤焦钢股票指数）波动影响不显著；b_{12} 估计值在 10% 的水平上显著但 b_{21} 不显著，即煤焦钢股票指数上一期的条件方差对煤焦钢期货指数波动影响显著，而煤焦钢期货指数上一期的条件方差对煤焦钢股票指数波动影响不显著，表明煤焦钢股票对煤焦钢期货指数存在较弱的单项波动溢出效应。

系数 α_{13} 在 10% 的水平上不显著，α_{31} 在 1% 的水平上显著，即煤焦钢期货指数上一期的冲击对 10 年期国债波动影响显著，但 10 年期国债上一期的冲击对煤焦钢期货指数波动影响不显著；b_{13} 在 10% 的水平上不显著，b_{31} 在 1% 的水平上显著，即煤焦钢期货指数上一期的条件方差对 10 年期国债波动影响显著，表明煤焦钢期货指数对 10 年期国债存在单向波动溢出效应。

系数 α_{23} 在 1% 的水平上显著，α_{32} 在 10% 的水平上不显著，即 10 年期国债上一期的冲击对化工股票指数波动影响显著，但化工股票指数上一期的冲击对 10 年期国债影响不显著；b_{23} 在 10% 的水平上不显著，但 b_{32} 显著，即化工股票指数上一期的条件方差对 10 年期国债波动影响显著，表明 10 年期国债与煤焦钢股票指数存在双向波动溢出效应。

表 5.7　煤焦钢期货、煤炭钢铁股票指数与债券市场的 BEKK – GARCH 模型估计结果

$$
\begin{bmatrix} c_{11} & 0 & 0 \\ c_{21} & c_{22} & 0 \\ c_{31} & c_{32} & c_{33} \end{bmatrix}
\begin{bmatrix}
-0.00088^{***} & 0 & 0 \\
(-6.6146) & (\_) & (\_) \\
-0.00007 & 0.00017 & 0 \\
(-0.1426) & (0.2480) & (\_) \\
0.00045 & 0.00055^{***} & 0.00121^{***} \\
(1.1802) & (2.8259) & (9.3753)
\end{bmatrix}
$$

$$
\begin{bmatrix} a_{11} & a_{12} & a_{13} \\ a_{21} & a_{22} & a_{23} \\ a_{31} & a_{32} & a_{33} \end{bmatrix}
\begin{bmatrix}
0.32029^{***} & -0.03744 & 0.01133 \\
(15.1272) & (-1.4472) & (1.0861) \\
-0.00437 & -0.10670^{***} & 0.01773^{***} \\
(-0.5707) & (5.6308) & (1.8682) \\
-0.09341^{***} & -0.09044 & 0.32109^{***} \\
(-3.5665) & (-1.5514) & (11.5013)
\end{bmatrix}
$$

$$
\begin{bmatrix} b_{11} & b_{12} & b_{13} \\ b_{21} & b_{22} & b_{23} \\ b_{31} & b_{32} & b_{33} \end{bmatrix}
\begin{bmatrix}
-0.94877^{***} & -0.01341^{*} & 0.00392 \\
(-177.7305) & (-1.9287) & (1.0328) \\
0.00197 & -0.99226^{***} & 0.00082 \\
(1.0152) & (-376.7891) & (0.3840) \\
-0.03972^{***} & -0.03002^{*} & -0.92476^{***} \\
(-3.6904) & (-1.7328) & (-92.4818)
\end{bmatrix}
$$

(4) 有色金属期货、有色金属股票指数、10 年期国债

表 5.8 中 BEKK - GARCH（1，1）模型估计的结果显示：在条件方差的参数估计结果中，系数 α_{11}、α_{22}、α_{33} 估计值均在 1％ 的水平上显著，表明该时期有色金属期货、有色金属股票指数、10 年期国债的波动具有较强的 ARCH 效应，即方差具有时变性。b_{11}、b_{22}、b_{33} 估计值均在 1％ 的水平上显著，说明有色金属期货、有色金属股票指数、10 年期国债波动具有较强的 GARCH 效应，即表现出波动的持久性。系数 α_{12} 在 1％ 的水平上显著，系数 α_{21} 在 10％ 的水平上不显著，即有色股票指数上一期的冲击对有色金属期货指数波动影响显著，但有色金属期货指数上一期的冲击对有色金属股票指数影响并不显著；b_{21} 估计值在 1％ 的水平上显著但 b_{12} 不显著，即有色金属期货指数上一期的条件方差对有色股票指数波动影响显著，但有色金属股票上一期的条件方差对有色金属期货指数波动影响不显著，表明有色股票与有色金属期货存在双向波动溢出效应。

表 5.8　有色金属期货、有色股票指数与债券市场的 BEKK - GARCH 模型估计结果

$$
\begin{bmatrix} c_{11} & 0 & 0 \\ c_{21} & c_{22} & 0 \\ c_{31} & c_{32} & c_{33} \end{bmatrix}
\begin{bmatrix}
0.00077^{***} & 0 & 0 \\
(5.5125) & (\_) & (\_) \\
-0.00122^{*} & 0.00128 & 0 \\
(-1.9199) & (2.2306) & (\_) \\
-0.00065 & 0.00064^{***} & 0.00102^{***} \\
(-1.0182) & (2.6446) & (3.0812)
\end{bmatrix}
$$

$$
\begin{bmatrix} a_{11} & a_{12} & a_{13} \\ a_{21} & a_{22} & a_{23} \\ a_{31} & a_{32} & a_{33} \end{bmatrix}
\begin{bmatrix}
-0.21223^{***} & 0.13177^{***} & 0.01204 \\
(-15.5222) & (6.2797) & (1.0943) \\
-0.00146 & 0.15248^{***} & 0.02226^{***} \\
(-0.1980) & (5.6308) & (3.9517) \\
-0.02274 & -0.00134 & 0.39929^{***} \\
(-1.4491) & (-0.0434) & (16.4752)
\end{bmatrix}
$$

$$
\begin{bmatrix} b_{11} & b_{12} & b_{13} \\ b_{21} & b_{22} & b_{23} \\ b_{31} & b_{32} & b_{33} \end{bmatrix}
\begin{bmatrix}
-0.97415^{***} & 0.03478 & 0.00324 \\
(-268.5490) & (0.4986) & (0.1763) \\
0.05999^{***} & 0.98199^{***} & -0.00600^{***} \\
(3.6890) & (264.1447) & (3.4300) \\
-0.00206 & 0.00358 & 0.90832^{***} \\
(-0.0517) & (0.3098) & (87.1010)
\end{bmatrix}
$$

系数 α_{13}、α_{31} 在 10％ 的水平上不显著，即 10 年期国债（有色金属期货）上一期的冲击对有色金属期货指数（10 年期国债）波动影响不显著；b_{13}、b_{31} 在 10％ 的水平上不显著，即 10 年期国债（有色金属期

大宗商品金融化的影响研究

货）上一期的条件方差对有色金属期货指数（10 年期国债）波动影响不显著，表明 10 年期国债与有色金属期货指数不存在双向波动溢出效应以及单向波动溢出效应。

系数 α_{23} 在 1％的水平上显著，α_{32} 在 10％的水平上不显著，即 10 年期国债上一期的冲击对有色金属股票波动影响显著，但有色金属股票上一期的冲击对 10 年期国债波动影响不显著；b_{23} 在 1％ 的水平上显著，b_{32} 在 10％的水平上不显著，即 10 年期国债上一期的条件方差对有色金属股票指数波动影响显著，但有色金属股票上一期的条件方差对 10 年期国债波动影响不显著，表明 10 年期国债对有色金属股票指数存在单向波动溢出效应。

（5）贵金属期货、贵金属股票指数、10 年期国债

表 5.9 中 BEKK-GARCH（1，1）模型估计的结果显示：在条件方差的参数估计结果中，系数 α_{11}、α_{33} 估计值均在 1％的水平上显著，表明该时期贵金属期货、10 年期国债的波动具有较强的 ARCH 效应，即方差具有时变性。b_{11}、b_{22}、b_{33} 估计值均在 1％的水平上显著，说明贵金属期货、贵金属股票指数、10 年期国债波动具有较强的 GARCH 效应，即表现出波动的持久性。系数 α_{12} 在 1％的水平上显著，系数 α_{21} 在 10％的水平上不显著，即贵金属股票指数上一期的冲击对贵金属期货指数波动影响显著，但贵金属期货指数上一期的冲击对贵金属股票指数影响并不显著；b_{12} 估计值在 10％的水平上显著，b_{21} 估计值在 1％的水平上显著，即贵金属股票（贵金属期货指数）上一期的条件方差对贵金属期货指数（贵金属股票）波动影响显著，表明贵金属股票与贵金属期货存在双向波动溢出效应。

系数 α_{13} 在 10％的水平上不显著而 α_{31} 显著，即 10 年期国债上一期的冲击对贵金属期货指数波动影响不显著，但贵金属期货上一期的冲击对 10 年期国债波动影响显著；b_{13} 在 10％的水平上不显著而 b_{31} 显著，即贵金属期货指数上一期的条件方差对 10 年期国债波动影响显著，表明贵金属期货指数对 10 年期国债存在单向波动溢出效应。

系数 α_{23}、α_{32} 在 1％的水平上显著，即 10 年期国债（贵金属股票指数）上一期的冲击对贵金属股票（10 年期国债）波动影响显著；b_{23}、b_{32} 在 10％的水平上不显著，即 10 年期国债（贵金属股票指数）上一期的条件方差对贵金属股票指数（10 年期国债）波动影响不显著。结果表明 10 年期国债与贵金属股票指数存在双向波动溢出效应。

表 5.9　贵金属期货、贵金属股票指数与债券市场的 BEKK - GARCH 模型估计结果

$$
\begin{bmatrix} c_{11} & 0 & 0 \\ c_{21} & c_{22} & 0 \\ c_{31} & c_{32} & c_{33} \end{bmatrix}
\begin{bmatrix}
0.00036 & 0 & 0 \\
(0.8499) & (\_) & (\_) \\
-0.01483^{***} & 0.015673^{***} & 0 \\
(-6.3252) & (16.2956) & (\_) \\
-0.00041^{***} & -0.00100^{***} & -0.00016 \\
(-3.5875) & (-6.4032) & (-0.8721)
\end{bmatrix}
$$

$$
\begin{bmatrix} a_{11} & a_{12} & a_{13} \\ a_{21} & a_{22} & a_{23} \\ a_{31} & a_{32} & a_{33} \end{bmatrix}
\begin{bmatrix}
0.17282^{***} & 0.57727^{***} & -0.03954^{***} \\
(8.6929) & (7.5053) & (-3.3484) \\
0.00963 & 0.03909 & 0.00576 \\
(0.7721) & (0.5326) & (1.085) \\
-0.00589 & 0.09476 & 0.35415^{***} \\
(-0.2760) & (1.0914) & (11.9650)
\end{bmatrix}
$$

$$
\begin{bmatrix} b_{11} & b_{12} & b_{13} \\ b_{21} & b_{22} & b_{23} \\ b_{31} & b_{32} & b_{33} \end{bmatrix}
\begin{bmatrix}
0.97474^{***} & -0.06624^{*} & -0.00032 \\
(215.8493) & (-1.7222) & (-0.0994) \\
0.03021^{***} & 0.6945^{***} & 0.01940^{***} \\
(3.0178) & (8.429) & (4.9035) \\
-0.00368 & 0.01537 & 0.92492^{***} \\
(-0.4020) & (0.2869) & (92.7337)
\end{bmatrix}
$$

3. 单个商品指数、单个股票、10 年期国债

表 5.10—表 5.14 考察具体的单个商品期货、以生产该商品并作为主营业务收入来源的上市公司以及代表市场无风险利率的 10 年期国债之间的波动溢出效应，从更加微观的层面验证大类资产市场、大类资产板块之间的风险传导机制的有效性。按商品种类分类，农产品中以白糖为代表，对应上市公司南宁糖业（000911）；化工品以 PVC 为代表，对应上市公司英力特（000635）；煤焦钢以螺纹钢为代表，对应上市公司为鞍钢股份（000898）；有色金属以铜为代表，对应上市公司云南铜业（000878）；贵金属以黄金为代表，对应上市公司山东黄金（600547）。

所有 BEKK - GARCH（1，1）模型估计的结果显示：在条件方差的参数估计结果中，系数 α_{11}、α_{33} 估计值均在 1% 的水平上显著，表明该时期、10 年期国债的波动具有较强的 ARCH 效应，即方差具有时变性。b_{11}、b_{22}、b_{33} 估计值均在 1% 的水平上显著，说明单个商品、对应单个股票、10 年期国债波动具有较强的 GARCH 效应，即表现出波动的持久性。

首先，从 α_{12}、α_{21}、b_{12}、b_{21} 系数的估计值来看，南宁糖业（白糖期货）上一期的冲击、上一期的条件方差对白糖期货（南宁糖业）波动影响显著，表明南宁糖业与白糖期货存在双向波动溢出效应；英力特上

一期的冲击对 PVC 波动影响显著，英力特（PVC）上一期的条件方差对 PVC（英力特）波动影响显著，表明英力特与 PVC 之间存在双向波动溢出效应；鞍钢股份（螺纹钢期货）上一期的冲击、上一期的条件方差对螺纹钢期货（鞍钢股份）波动影响显著，表明鞍钢股份与螺纹钢期货存在双向波动溢出效应；云南铜业（沪铜期货）上一期的冲击、上一期的条件方差对沪铜期货（云南铜业）波动影响显著，表明云南铜业与沪铜期货存在双向波动溢出效应；山东黄金（黄金期货）上一期的冲击对黄金期货（山东黄金）波动影响显著，山东黄金上一期的条件方差对黄金期货波动影响不显著，黄金期货上一期的条件方差对山东黄金波动影响显著，表明山东黄金与黄金期货之间存在双向波动溢出效应。

其次，从 α_{13}、α_{31}、b_{13}、b_{31} 系数的估计值来看，10 年期国债上一期的冲击、上一期的条件方差对白糖期货波动影响不显著，白糖期货上一期的冲击、上一期的条件方差对 10 年期国债波动影响显著，表明白糖期货对 10 年期国债存在单向波动溢出效应；10 年期国债上一期的冲击对 PVC 期货波动影响显著，PVC 期货上一期的冲击对 10 年期国债波动影响显著，10 年期国债上一期的条件方差对 PVC 期货波动影响显著，PVC 期货上一期的条件方差对 10 年期国债波动影响不显著，表明 PVC 期货与 10 年期国债之间存在双向波动溢出效应；10 年期国债上一期的冲击对螺纹钢期货波动影响显著，但上一期的条件方差对螺纹钢期货波动影响不显著；螺纹钢期货上一期的冲击对 10 年期国债波动影响显著，表明螺纹钢期货与 10 年期国债之间存在双向波动溢出效应；10 年期国债上一期冲击对沪铜期货影响显著，其他相互冲击均不显著，表明 10 年期国债对沪铜期货存在单向波动溢出效应；10 年期国债与黄金期货之间的冲击均不显著，表明 10 年期国债与黄金期货之间不存在双向以及单向波动溢出效应。

最后，从 α_{23}、α_{32}、b_{23}、b_{32} 系数的估计值来看，10 年期国债上一期冲击、上一期条件方差对南宁糖业波动影响显著，反之则不显著，表明 10 年期国债对南宁糖业存在单向波动溢出效应；10 年期国债上一期冲击、上一期条件方差对英力特波动影响显著，英力特上一期冲击对 10 年期国债波动影响显著，表明 10 年期国债与南宁糖业之间存在双向波动溢出效应；10 年期国债上一期冲击、上一期条件方差对鞍钢股份波动影响显著，鞍钢股份上一期条件方差对 10 年期国债波动影响显著，表明 10 年期国债与鞍钢股份之间存在双向波动溢出效应；10 年期国债上一期冲击、上一期条件方差对云南铜业波动影响显著，云南铜业上一期冲击对 10 年期国债波动影响显著，表明 10 年期国债与云南铜业之间存在双向波动溢出效应；10 年期国债上一期冲击、上一期条件方差对山东黄金波动影响显著，反之则不显著，表明 10 年期国债与山东黄金之间存在单向波动溢出效应。

表 5.10　白糖期货、南宁糖业与债券市场的 BEKK – GARCH 模型估计结果

$$
\begin{bmatrix} c_{11} & 0 & 0 \\ c_{21} & c_{22} & 0 \\ c_{31} & c_{32} & c_{33} \end{bmatrix}
\begin{bmatrix}
-0.00173^{***} & 0 & 0 \\
(-3.7163) & (\_) & (\_) \\
0.00268^{*} & 0.00099 & 0 \\
(1.6989) & (0.4633) & (\_) \\
0.00002^{***} & 0.00114^{***} & 0.00146^{***} \\
(0.0349) & (6.8890) & (10.0707)
\end{bmatrix}
$$

$$
\begin{bmatrix} a_{11} & a_{12} & a_{13} \\ a_{21} & a_{22} & a_{23} \\ a_{31} & a_{32} & a_{33} \end{bmatrix}
\begin{bmatrix}
0.24366^{***} & 0.34473^{***} & -0.00093 \\
(9.0542) & (5.8099) & (-0.1000) \\
0.02035^{**} & -0.11735^{***} & 0.02114^{***} \\
(2.4354) & (-5.3111) & (6.2118) \\
0.07736^{**} & 0.21460^{***} & 0.41819^{***} \\
(2.1301) & (2.6907) & (14.4411)
\end{bmatrix}
$$

$$
\begin{bmatrix} b_{11} & b_{12} & b_{13} \\ b_{21} & b_{22} & b_{23} \\ b_{31} & b_{32} & b_{33} \end{bmatrix}
\begin{bmatrix}
0.94139^{***} & -0.07474^{***} & -0.02938 \\
(88.5853) & (-4.0794) & (-1.5614) \\
0.01460^{***} & 0.99485^{***} & 0.00378 \\
(4.8340) & (140.6799) & (0.4679) \\
-0.13015^{*} & 0.06881 & -0.87606^{***} \\
(-1.9509) & (0.4069) & (-64.5240)
\end{bmatrix}
$$

表 5.11　PVC 期货、英力特与债券市场的 BEKK – GARCH 模型估计结果

$$
\begin{bmatrix} c_{11} & 0 & 0 \\ c_{21} & c_{22} & 0 \\ c_{31} & c_{32} & c_{33} \end{bmatrix}
\begin{bmatrix}
0.00011 & 0 & 0 \\
(0.5749) & (\_) & (\_) \\
0.00970^{***} & 0.02132^{***} & 0 \\
(4.4704) & (28.9613) & (\_) \\
0.00008 & -0.00002 & 0.00008 \\
(0.1500) & (-0.0759) & (0.1101)
\end{bmatrix}
$$

$$
\begin{bmatrix} a_{11} & a_{12} & a_{13} \\ a_{21} & a_{22} & a_{23} \\ a_{31} & a_{32} & a_{33} \end{bmatrix}
\begin{bmatrix}
0.19101^{***} & 1.12780^{***} & 0.04227^{**} \\
(9.2559) & (7.6307) & (1.8995) \\
-0.00328 & -0.22538^{***} & 0.01277^{*} \\
(-0.3019) & (-4.9897) & (1.8241) \\
0.03948^{*} & -0.30211^{**} & 0.36867^{***} \\
(1.8642) & (-2.0126) & (11.8216)
\end{bmatrix}
$$

$$\begin{bmatrix} b_{11} & b_{12} & b_{13} \\ b_{21} & b_{22} & b_{23} \\ b_{31} & b_{32} & b_{33} \end{bmatrix}$$

$$\begin{bmatrix} -0.97331^{***} & -0.84701^{**} & -0.16253^{***} \\ (-86.9634) & (-2.1500) & (-3.3864) \\ -0.01476^{*} & 0.10474 & 0.04967^{***} \\ (-1.7518) & (0.3001) & (3.7346) \\ 0.09110 & -0.07075 & 0.92195^{***} \\ (1.1458) & (-0.3760) & (49.1708) \end{bmatrix}$$

表 5.12　螺纹钢期货、鞍钢股份与债券市场的 BEKK - GARCH 模型估计结果

$$\begin{bmatrix} c_{11} & 0 & 0 \\ c_{21} & c_{22} & 0 \\ c_{31} & c_{32} & c_{33} \end{bmatrix}$$

$$\begin{bmatrix} -0.00137^{***} & 0 & 0 \\ (-11.8943) & (\_) & (\_) \\ 0.00060^{**} & 0.00134^{**} & 0 \\ (2.1245) & (2.5122) & (\_) \\ -0.00042^{**} & -0.00005 & 0.00120 \\ (-2.2797) & (-0.3422) & (6.1553) \end{bmatrix}$$

$$\begin{bmatrix} a_{11} & a_{12} & a_{13} \\ a_{21} & a_{22} & a_{23} \\ a_{31} & a_{32} & a_{33} \end{bmatrix}$$

$$\begin{bmatrix} -0.17820^{***} & 0.11344^{***} & -0.03799^{*} \\ (-10.0106) & (2.7617) & (-2.3488) \\ -0.02287^{***} & 0.18365^{***} & -0.02512^{***} \\ (-2.7794) & (10.0602) & (-2.6609) \\ 0.03963 & 0.14719 & 0.32375^{***} \\ (1.4318) & (2.6652) & (11.7494) \end{bmatrix}$$

$$\begin{bmatrix} b_{11} & b_{12} & b_{13} \\ b_{21} & b_{22} & b_{23} \\ b_{31} & b_{32} & b_{33} \end{bmatrix}$$

$$\begin{bmatrix} -0.24196^{***} & 1.98540^{***} & -0.00788 \\ (-28.8817) & (45.0677) & (-0.4852) \\ 0.44224^{***} & 0.26296^{***} & -0.02310^{**} \\ (41.5032) & (24.5300) & (-2.5554) \\ -0.18787^{***} & -0.45364^{***} & -0.92296^{***} \\ (-6.8265) & (-6.8092) & (-94.6878) \end{bmatrix}$$

表 5.13　沪铜期货、云南铜业与债券市场的 BEKK - GARCH 模型估计结果

$$\begin{bmatrix} c_{11} & 0 & 0 \\ c_{21} & c_{22} & 0 \\ c_{31} & c_{32} & c_{33} \end{bmatrix}$$

$$\begin{bmatrix} 0.00153^{***} & 0 & 0 \\ (7.1319) & (\_) & (\_) \\ 0.00072^{**} & 0.00192^{***} & 0 \\ (1.7624) & (6.7613) & (\_) \\ 0.00018 & 0.00035 & 0.00133^{***} \\ (0.32) & (0.6578) & (9.0504) \end{bmatrix}$$

$$\begin{bmatrix} a_{11} & a_{12} & a_{13} \\ a_{21} & a_{22} & a_{23} \\ a_{31} & a_{32} & a_{33} \end{bmatrix}$$

$$\begin{bmatrix} 0.21152^{***} & -0.05419^{*} & 0.01579^{**} \\ (12.8432) & (-1.9376) & (2.0285) \\ 0.02489^{***} & 0.22803^{***} & 0.00982^{**} \\ (3.2055) & (15.7506) & (2.5115) \\ 0.01517 & -0.07859^{***} & 0.36793^{***} \\ (0.8464) & (-2.9178) & (14.9877) \end{bmatrix}$$

$$
\begin{bmatrix} b_{11} & b_{12} & b_{13} \\ b_{21} & b_{22} & b_{23} \\ b_{31} & b_{32} & b_{33} \end{bmatrix}
\begin{bmatrix}
-0.97342*** & -0.01936*** & -0.01469 \\
(-227.5885) & (-2.5835) & (-0.8910) \\
0.00540*** & -0.97085*** & -0.01054*** \\
(2.6967) & (-291.4361) & (-1.5140) \\
-0.06130 & 0.01227 & 0.91903*** \\
(1.2020) & (0.1311) & (95.2124)
\end{bmatrix}
$$

表 5.14　黄金期货、山东黄金与债券市场的 BEKK‑GARCH 模型估计结果

$$
\begin{bmatrix} c_{11} & 0 & 0 \\ c_{21} & c_{22} & 0 \\ c_{31} & c_{32} & c_{33} \end{bmatrix}
\begin{bmatrix}
-0.00032 & 0 & 0 \\
(-0.8004) & (\_) & (\_) \\
-0.01243** & 0.01627*** & 0 \\
(-2.3946) & (4.9686) & (\_) \\
-0.00030 & 0.0009.*** & -0.00021*** \\
(-0.7998) & (5.1528) & (-1.4213)
\end{bmatrix}
$$

$$
\begin{bmatrix} a_{11} & a_{12} & a_{13} \\ a_{21} & a_{22} & a_{23} \\ a_{31} & a_{32} & a_{33} \end{bmatrix}
\begin{bmatrix}
0.16792*** & 0.43504*** & -0.00446 \\
(12.8584) & (5.4777) & (-0.3940) \\
0.02248*** & -0.54661*** & 0.00864** \\
(2.9313) & (-15.3134) & (2.1209) \\
-0.01086 & -0.07595 & 0.35919*** \\
(-0.8384) & (-1.0656) & (17.9318)
\end{bmatrix}
$$

$$
\begin{bmatrix} b_{11} & b_{12} & b_{13} \\ b_{21} & b_{22} & b_{23} \\ b_{31} & b_{32} & b_{33} \end{bmatrix}
\begin{bmatrix}
0.97118*** & 0.05340 & 0.02338 \\
(239.8175) & (1.5601) & (1.0385) \\
0.02079*** & 0.67394*** & -0.02377*** \\
(4.2323) & (19.2016) & (-2.9198) \\
-0.01527 & -0.10248 & -0.92744*** \\
(-0.3336) & (-0.8451) & (-154.7977)
\end{bmatrix}
$$

　　对上述实证结果进行归纳总结，不难发现从大类资产看，大宗商品与股票市场存在双向波动溢出效应，国债向大宗商品存在单向波动溢出效应。从板块看，除农产品、煤焦钢外，化工品期货、有色、贵金属期货对相应的股票板块具有波动溢出效应，所有的股票板块对相应的期货板块指数具有波动溢出效应；除有色金属外，农产品期货、化工品期货、煤焦钢期货、贵金属期货对 10 年期国债具有波动溢出效应。除煤焦钢外，10 年期国债对相应的期货板块也具有波动溢出效应。从单个品种看，白糖、PVC、螺纹钢、沪铜、黄金期货与相应的个股存在明显的双向波动溢出效应；除沪铜、黄金外，白糖、PVC、螺纹钢期货对 10 年期国债存在明显的波动溢出效应。

　　无论是整个市场、板块还是单个品种，实证结果表明：大宗商品金融化改变了大宗商品价格变化对股票市场、债券市场的影响模式，大类资产市场之间的关系越来越密切，当影响大宗商品的金融化因素发生变化时，其价格波动风险会立即传导到股票、债券市场，符合正常的理论逻辑。与此同时，股票市场、债券市场价格的波动会传导到大宗商品市场。金融化大宗商品对资产配置的风险分散价值越来越弱。

5.5 大宗商品期货与股票、债券市场的信息扩散机制

5.5.1 数据与方法

与第四章类似，本节选取宏观经济、货币供给量、汇率作为影响大宗商品价格走势的金融化因子。宏观经济通常用 PMI 来代表，2005 年以前欧元区、日本、中国 PMI 数据缺失，所以本节用 OECD 领先指标来替代 PMI 指标，代表对大宗商品总需求水平。全球宏观经济用主要发达经济体 OECD 领先指标加权而成；全球货币供给增速用汇率调整后的主要发达经济体货币供给总量 M2 加总计算而成。所有的宏观数据均来自于 Wind 数据库，大宗商品板块及品种基础价格指数来自文华财经，部分板块指数是通过品种指数加权而成，大宗商品、沪深 300 指数、10 年期国债收益率样本区间是 2002 年 3 月到 2014 年 7 月；农产品、化工品、有色金属、贵金属样本区间是 2005 年 1 月至 2014 年 7 月；煤焦钢板块的样本区间是 2009 年 4 月至 2014 年 4 月。为了保持数据的平稳性，月度收益以及宏观指标环比变化数据均取对数。

本节借鉴第四章的研究成果，除了煤焦钢与中国宏观因子拟合度非常高之外，其他板块指数比较适合用全球宏观因子拟合，供需基本面对大宗商品价格波动的解释贡献率大都不 5％，金融化因子一方面是由宏观经济预期、金融变量所引起的，而其他投机性因素主要体现为商品自身价格扰动。本节主要研究金融化大宗商品期货对股票、债券市场的信息如何扩散，本质上是分析大宗商品金融化因子、自身价格对股票市场、债券市场的影响机制，将商品价格波动中的金融化成分剥离出来，研究金融化大宗商品的不同成分对股票市场价格影响的差异性，利用 VAR 模型的脉冲相应与方差分解分析即可实现，本节不再详细介绍 SVAR 模型。

5.5.2 实证分析

1. 大宗商品指数金融化因子、自身价格对沪深 300 股指、10 年期国债的影响

从图 5.3 可以看出，给主要经济体 OECD 领先指数一个正的冲击，从第 2 期开始对沪深 300 价格指数就有一个正的影响，然后逐步衰减，直到第 9 期转负；给主要经济体 M2 指标一个正的冲击，第 2 期有一个正的影响，第 3 期转负，随后在零轴附近窄幅波动。

从图 6.4 可以看出，不考虑沪深 300 股票指数自身的贡献率，全球主要经济体 OECD 领先指数对沪深 300 股票指数的贡献率有缓慢增长的趋势，最大达到 7.48%（第 20 期），其次是货币供给量 M2，贡献最大达到 6.04%（第 20 期）；美元指数、大宗商品的贡献最大达到 3.77%（第 11 期）与 1.50%（第 20 期），大宗商品相关的金融化因子可以解释沪深 300 指数、10 年期国债收益率波动的 17.3%、13.3%，大宗商品金融化因子对股票市场的贡献率超过大宗商品本身对股票、债券市场的贡献率，表明大宗商品与股票之间的信息扩散机制发生了改变，宏观经济、金融预期同时影响股票市场与大宗商品市场价格走势。

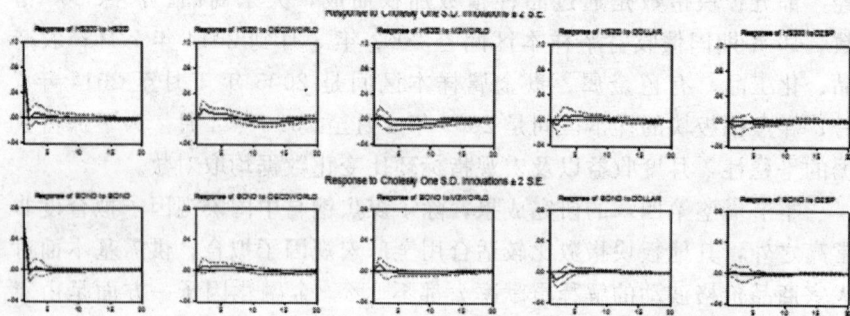

图 5.3　沪深 300 股指、10 年期国债收益率 SVAR（3）的脉冲相应函数

2. 期货板块指数金融化因子、自身价格对相关股票指数、10 年期国债的影响

接下来，按板块考察大宗商品金融化因子、板块指数自身价格对相关股票板块指数以及 10 年期国债收益率的影响，从图 5.5—图 5.9 可以看出：

不考虑股票指数自身的贡献率，金融化因子对股票板块贡献率依次为：有色金属、煤焦钢、化工、农业、贵金属；分项来看，OECD 领先

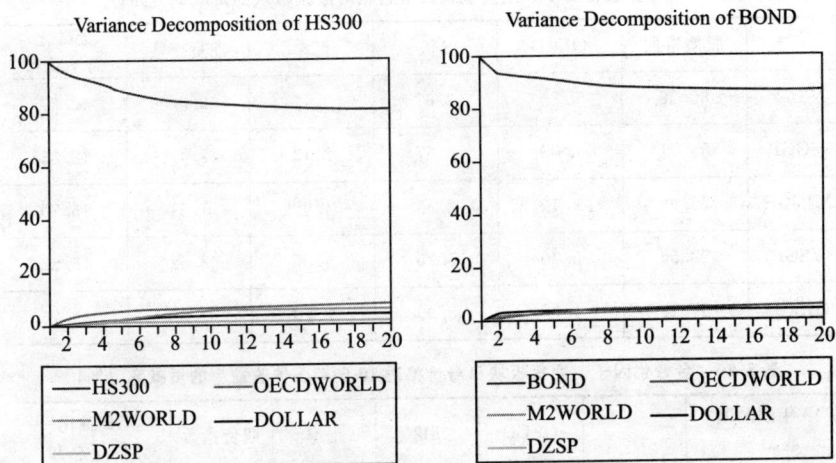

图 5.4　沪深 300 股指、10 年期国债收益率的方差分解

指数对股票板块贡献率依次为：煤焦钢、化工、农业、有色金属、贵金属；M2 同比对股票板块贡献率依次为：有色、贵金属、化工、农业、煤焦钢；汇率对股票板块贡献率依次为：煤焦钢、有色、农业、化工、贵金属；期货板块指数对股票板块贡献率依次为：煤焦钢、有色、化工、农业、贵金属。

　　不考虑 10 年期国债收益率自身的贡献率，商品金融化因子对 10 年期国债贡献率依次为：煤焦钢、贵金属、农产品、有色金属、化工板块；分项来看，OECD 领先指数对 10 年期国债贡献率依次为：煤焦钢、贵金属、有色金属、农产品、化工品；M2 同比对 10 年期国债贡献率依次为：贵金属、农产品、化工、煤焦钢；汇率对 10 年期国债贡献率依次为：贵金属、农产品、有色、化工、煤焦钢；期货板块指数对 10 年期国债贡献率依次为：化工、贵金属、有色、煤焦钢、农产品。

　　总体来看，商品金融化因子对 10 年期国债的贡献率普遍高于股票板块，商品期货板块指数对股票板块指数、10 年期国债的贡献率普遍低于金融化因子的贡献率。大宗商品期货、股票、债券市场受共同的因子驱动，且彼此价格之间的联系越来越紧密，传统的资产轮动理论在解释预测价格波动方面明显不足，这与 5.4 节得出的结论基本一致。

表 5.15　金融化因子、期货板块自身价格对股票板块的贡献率（%）

	股票指数	OECD	M2	汇率	期货指数	金融化因子总和
NYGP	85.26	5.84	3.67	3.15	2.08	12.67
HGGP	84.71	6.03	3.67	3.13	2.47	12.83
MJGGP	75.99	9.10	2.65	4.95	7.31	16.70
YSGP	79.56	5.70	6.25	4.86	3.62	16.82
GJSGP	88.18	4.07	3.99	2.70	1.06	10.76

表 5.16　金融化因子、期货板块自身价格对 10 年期国债收益率的贡献率（%）

10 年期国债收益率		OECD	M2	汇率	期货指数	金融化因子总和
10 年期国债收益率	NCP	5.91	4.71	9.02	1.64	19.65
	HGP	5.42	4.64	6.80	4.88	16.87
	MJG	19.26	0.92	1.86	2.59	22.04
	YS	6.49	4.55	7.90	3.12	18.94
	GJS	7.34	5.33	9.33	3.17	21.99

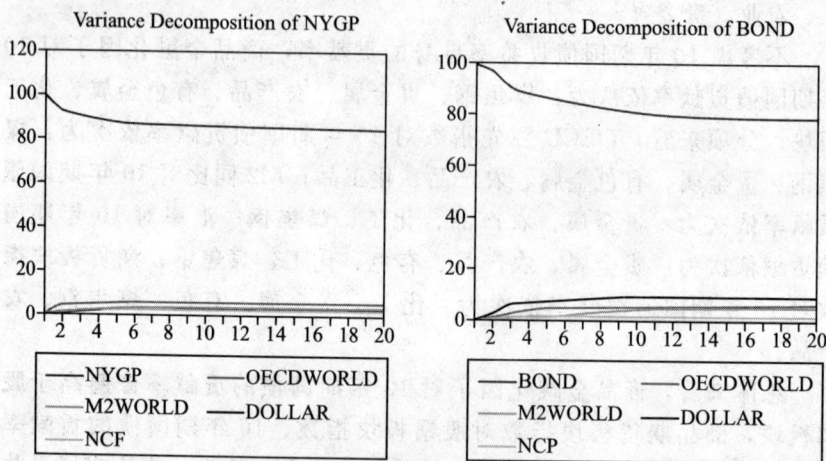

图 5.5　农业股票、10 年期国债收益率的方差分解

Variance Decomposition of HGGP

Variance Decomposition of BOND

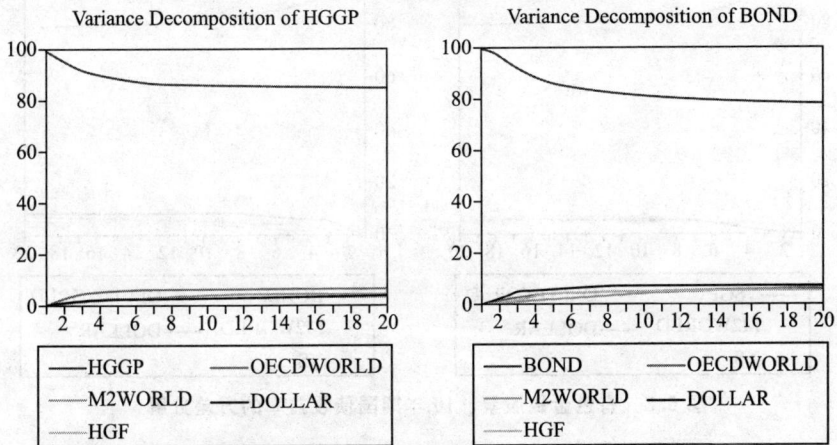

图 5.6　化工股票、10 年期国债收益率的方差分解

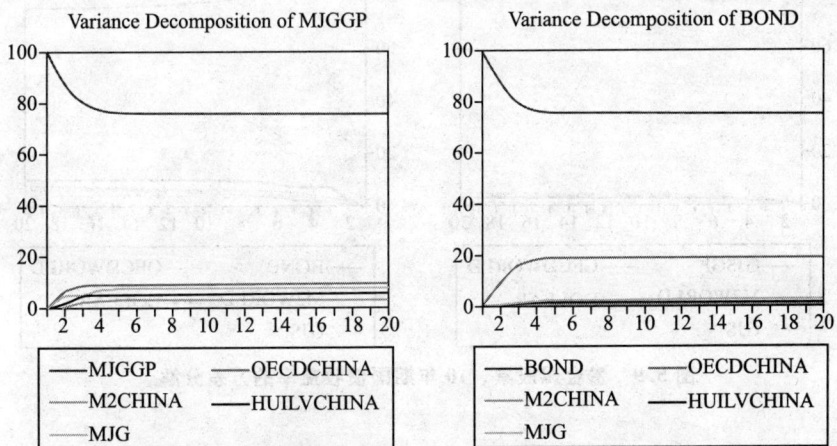

Variance Decomposition of MJGGP

Variance Decomposition of BOND

图 5.7　煤焦钢股票、10 年期国债收益率的方差分解

Variance Decomposition of YSGP

Variance Decomposition of BOND

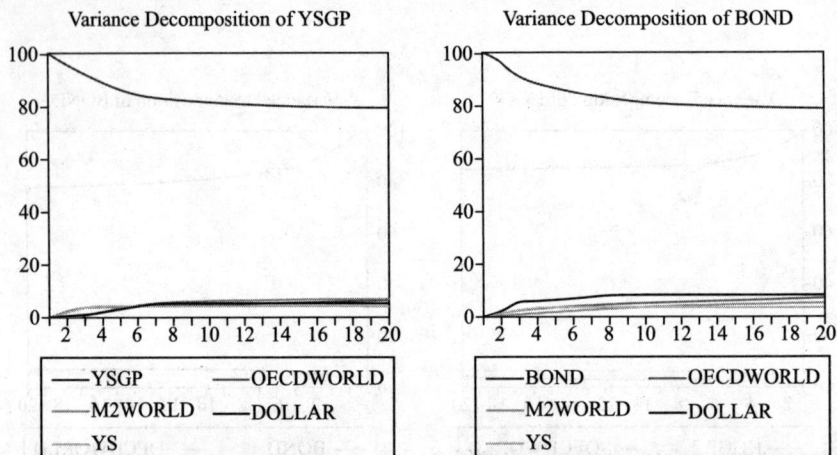

图 5.8　有色金属股票、10 年期国债收益率的方差分解

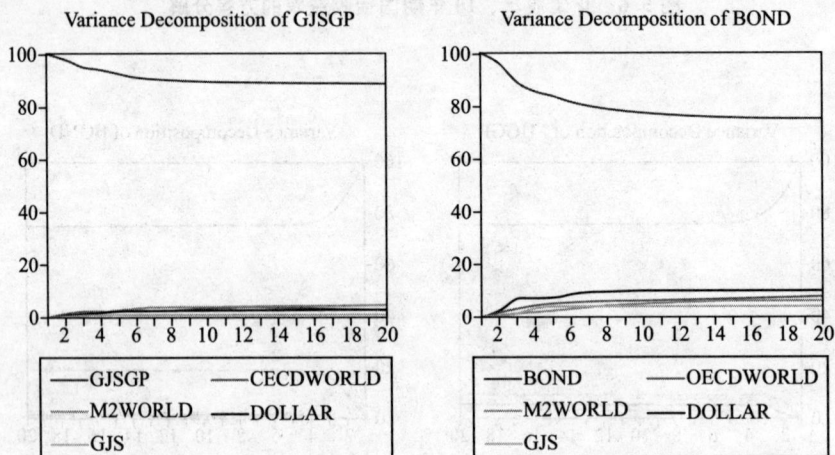

Variance Decomposition of GJSGP

Variance Decomposition of BOND

图 5.9　贵金属股票、10 年期国债收益率的方差分解

5.6　本章小结

大宗商品期货对股票、债券市场的风险分散价值研究。在过去很长一段时间里，不同经济周期中，各类资产表现不一，呈现资产轮动的特征，理论界与实务界普遍认为将大宗商品纳入资产组合能够对冲股票、债券市场的波动风险，降低投资组合的系统性风险。然而最近十年，受

大宗商品金融化的影响，学术界对商品能否带来分散化投资的好处提出了质疑。

针对这些质疑，本书首先分析了金融化因素的传导机制以及大类资产的互动机理，分三个阶段按整体市场、板块、单个品种考察了商品期货、股票市场、10 年期国债到期收益率的波动率及相关系数，研究发现：① 除农产品外，其他商品期货板块指数与对应的股票板块指数的相关系数在三个阶段中呈现逐步上升的趋势，最近三年这一趋势进一步加强；② 大宗商品与股票市场的相关系数与资产价格本身的波动率并无直接关系；③ 微观单个期货品种与相应个股大部分表现出正相关关系，与大类资产、板块指数方面的实证结果大体一致。研究结果暗示近年来大宗商品风险分散价值越来越弱。

接下来，本章以基本的经济学、金融学理论为基础，深入研究金融化大宗商品与股票市场、债券市场的风险传染及信息扩散机制，实证结果表明：

（1）从大类资产看，大宗商品与股票市场存在双向波动溢出效应，国债向大宗商品存在单向波动溢出效应。

（2）从板块看，除农产品、煤焦钢外，化工品、有色、贵金属期货对相应的股票板块具有波动溢出效应，所有的股票板块对相应的期货板块指数具有波动溢出效应；除有色金属外，农产品期货、化工品期货、煤焦钢期货、贵金属期货对 10 年期国债具有波动溢出效应。除煤焦钢外，10 年期国债对相应的期货板块也具有波动溢出效应。

（3）从单个品种看，白糖、PVC、螺纹钢、沪铜、黄金期货与相应的个股存在明显的双向波动溢出效应；除沪铜、黄金外，白糖、PVC、螺纹钢期货对 10 年期国债存在明显的波动溢出效应。

（4）无论是整个市场、板块还是单个品种，大宗商品金融化改变了大宗商品价格变化对股票市场、债券市场的影响模式，大类资产市场之间的关系越来越密切，当影响大宗商品的金融化因素发生变化时，其价格波动风险会立即传导到股票、债券市场，符合正常的理论逻辑。与此同时，股票市场、债券市场价格的波动也会传导到大宗商品市场，这一现象越来越普遍，金融化商品对资产配置来说，其风险分散价值越来越弱。

（5）商品金融化因子对 10 年期国债的贡献率普遍高于股票板块，商品期货板块指数对股票板块指数、10 年期国债的贡献率普遍低于金融化因子的贡献率，大宗商品期货、股票、债券市场受共同的因子驱动，且彼此价格之间的联系越来越紧密，传统的资产轮动理论在解释预测价格波动方面明显不足，商品金融化使得大类资产之间的关系超越传统的经济关系而存在。

第六章

大宗商品金融化的评价与应对策略

6.1 大宗商品金融化的评价

中国大宗商品期货市场存在的金融化现象，一方面是国际市场金融化现象通过商品内外联动机制传导，另一方面是以原材料生产和消费为主营业务的国有企业尚未大规模涉足期货市场，监管层对券商、基金、期货、保险等机构参与大宗商品期货市场一直管制较严，散户为主导的商品期货市场投机氛围较为浓厚，而美国商品市场金融化主要是由指数化投资、对冲基金等金融资本所引起，所以学术界对美国商品市场金融化带来的负面影响讨论较多。事实上，大宗商品金融化改变了商品期货的传统定价机制，显著影响了期货市场的价格发现、规避风险、财富管理等基础功能的发挥，对市场参与者、监管层将产生较大的冲击。金融化一直是一个有争议的话题，我们应该辩证地看待金融化带来的变化。

6.1.1 大宗商品适度金融化带来的积极作用

1. 适度金融化有助于期货市场价格发现功能的发挥

大宗商品价格金融化有助于加速期货市场的价格发现功能。过去很长一段时间，现货价格的改变一般通过供需关系的作用缓慢传导，具有一定的黏性。而期货价格由于是保证金交易，在宏观面、供需面发生改变的情况下，更易快速地反映出基本面变化产生的影响。在商品金融化的过程中，金融投资者的广泛参与能够在期货市场的合理机制下，一方面能提高期货价格对供需面变化的反应速度以及对现货价格的传导速度；另一方面即使金融投资者不参与大宗商品期货，由于股票、债券市场对金融化大宗商品市场存在波动溢出效应，而大宗商品的需求与宏观总需求在经济周期的不同阶段中往往具有一致性，金融化会使期货价格对宏观经济、金融面反应更加灵敏。适度金融化有助于信息传导效率提高，从而加速期货市场价格发现功能的充分发挥。

2. 适度金融化有利于期货市场避险功能的实现

毫无疑问，引入金融资本，适度金融化能为市场提供足够的流动性，有利于期货市场价格发现、规避风险功能的充分发挥。从商品期货成交量与产量比来看，欧美市场往往是几千倍甚至上万倍，中国市场大部分品种还不足 100 倍，但从成交量与持仓比、价格与基本面的一致性来看，中国大部分品种的投机程度远远高于欧美发达国家，这说明中国金融化程度指标如成交量与产量比，还有很大的发展空间。2011 年中国经济增速开始放缓，大宗商品进入熊市，实体企业无风险利率高居不下，整个期货行业无论是客户权益，还是成交量与成交金额同比增速也明显放缓。中国证监会期货公司监管综合信息系统（FISS 系统）数据显示，截至 2014 年 9 月，期货市场保证金规模约 2339.54 亿元，较 2013 年 2046.27 亿元仅增加 293 亿元左右，而客户权益基本上稳定在 2000—2400 亿元之间，最近几年期货市场鲜有增量资金入场，而四大期货交易所新上市品种近 20 个，分散到单个商品期货上的资金明显减少。从图 6.1 可以看出，最近三年中国大宗商品期货市场成交量、成交金额同比增速有下滑的趋势，流动性不足制约相关产业客户进入期货市场进行套期保值。与散户资金相比，金融资本往往规模较大，其多样化的交易策略如宏观对冲、方向性投资、量化投资往往会给市场带来新的流动性，有了充足的流动性，以大宗商品为主要原材料或者产品的产业客户才有可能进入期货市场进行套期保值，从而有利于期货市场规避风险功能的实现。

表 6.1　中国大宗商品期货市场参与者行为分析

	传统投机者	金融投资者	产业投资者
日常持仓状态	在市场的多空方向上均有主动管理的持仓，上涨下跌均可获利	主动管理的持仓，在市场多空方向上均有大额持仓	以对冲产品或原材料价格风险为主；部分套利与投机头寸
投资决策过程	根据商品供需基本面分析，主要做熟悉的品种；也有投机者主要做技术分析或者程序化交易；杠杆普遍较高	由于资金较大，更多关注宏观经济对资产价格的影响；兼做少量供需面的分析，容易引发"羊群效应"；杠杆较低	做与主营业务相关的产业链期货品种，主要依据供需基本面、库存进行决策；杠杆取决于风险偏好
对市场流动性的影响	改善流动性	主动管理的大额持仓可以改善流动性，但在强烈的价格变化过程中大额持仓反而会产生挤出效应，降低流动性	流动性的主要需求者，交易不频繁

	传统投机者	金融投资者	产业投资者
对剧烈价格变化的反应	对于与基本面无关的突然变化感到疑惑；价格的突然变化可能导致保证金不足而被迫平仓；程序化交易有放大风险的可能	宏观对冲基金通常有较大的风险控制能力；基本面量化投资通常由计算机程序自动判断并执行交易，有放大风险的可能	对宏观基本面不太熟悉，对于基本面无关的突然变化疑惑，由于保证金不足被迫平仓
对其他市场变化的反应	对其他市场变化反应不够灵敏，只关注少数几个商品品种	大类资产分散化投资，通常对商品的持有保持一定比例，其他市场变化可能导致商品期货持仓变化	偶尔关注其他市场的变化，但通常只持有产业链相关的少数几个品种

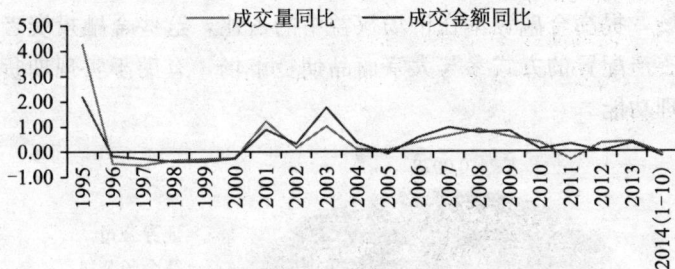

图 6.1　中国大宗商品期货市场历年成交量与成交金额同比增速

3. 适度金融化有利于期货市场财富管理功能的实现

如今中国已经成为世界上第二大经济体，居民积累了大量的财富需要保值增值。以资产管理业务为例，截止到 2014 年 6 月底，证券公司资产管理业务规模达到 7.2 万亿，公募基金 5.75 万亿，基金子公司 2.62 万亿，私募基金 2.27 万亿，期货公司 78 亿，主动管理的资金规模超过 3 万亿。随着房地产投资降温、信托刚性兑付预期打破，未来大量资金必将转移到以追求风险低收益中等的理财产品上来，而期货具有 T＋0、双向交易机制及杠杆特点，可以利用期货开发一些性价比较高的理财产品，能够有效规避经济下行风险，从而充分发挥大宗商品的财富管理功能。

中国期货市场在过去很长一段时间，散户数量占比仍然过高，金融投资者比例依然偏低。散户的特点是扎堆在成交量与持仓量最高的主力合约上，在为市场创造流动性的同时，也增加了商品短期波动的非理性成分。近年来，以私募基金、公募基金专户、期货公司资产管理专户为主体的金融投资者开始进入大宗商品期货市场，参与群体数量不断增多，期货市场的深度和广度有了更大的拓展，期货市场的金融化程度显著提高。虽然无详细数据统计资产管理业务中大宗商品期货占比，考虑到整个期货市场的权益规模偏小以及指数投资的缺乏，不难判断中国大宗商品期货市场机构参与比例和参与程度明显偏低。适度金融化就是要合理引导金融投资者进入大宗商品期货市场，实现资产的保值增值。

在金融化背景下，中国大宗商品资产配置分散化价值明显下降，由于品种自身供需基本面以及资金介入的深度不同，40多个商品期货品种走势对宏观经济的敏感程度并非完全一致，存在丰富的对冲套利机会。适度金融化的前提是引导金融投资者、金融资本适当进入大宗商品期货市场，提高金融资本在市场权益中的占比，这些金融投资者以对冲套利、资产配置的方式参与大宗商品期货市场，有助于实现期货市场的财富管理功能。

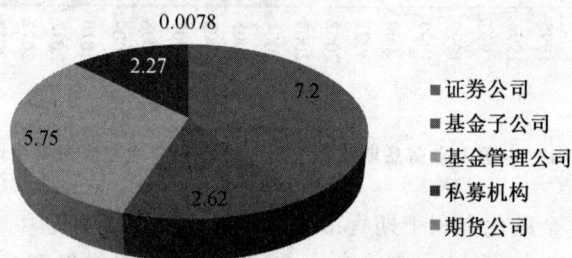

图 6.2　中国证券、基金、期货行业资产管理业务规模构成（万亿）

6.1.2　大宗商品过度金融化带来的消极作用

1. 商品过度金融化导致期货价格脱离自身供需基本面

商品过度金融化容易受到金融资本的炒作而脱离供需基本面，或者完全由宏观经济、金融因子来决定价格走势，从而产生"羊群效应"，必然会导致基差出现大幅波动，表现出期现走势的不一致或者不完全同步，如金融危机期间天然橡胶基差高达4600元/吨，产业客户套期保值变得更加困难；此外，由于期货交易是保证金交易，如果期货价格波动剧烈，那么为了避免期货保证金不足产生的强行平仓或减仓的风险，套期保值者就必须使用更多的资金来维持期货头寸，以至于资金利用率大大降低，甚至当资金相对有限时，无法通过期货市场对现货进行完全充分的套期保值，避险成本的提高很可能将正常的商业性参与者逼出期货市场，放弃套期保值，损害期货市场规避风险功能的发挥。

2. 商品过度金融化导致其风险分散价值衰竭

股票、债券、大宗商品由于定价原理不一样，在宏观经济周期中的表现理应不一样。以美国为例，在金融资本没有大量进入商品市场以前，2003 年以前大类资产之间的价格轮动表现较为明显，对投资者来说，大宗商品期货具有风险分散功能，特别是在股票市场剧烈波动的环境下，金融投资者可以扩大资产配置的范围，有效降低投资组合风险，提高资产组合收益的稳定性。然而，2004 年以后尤其是在金融危机以来，大宗商品与股票市场同涨同跌，波动溢出效应明显，其风险分散价值也逐步衰竭。

与发达国家相比，中国金融投资者比例还不高，随着中国证监会监管政策放松，公募基金、券商、期货公司资产管理与自营资金会逐步入场，整个市场微观主体结构将发生根本性变化。相比代表实体经济需求的产业客户而言，代表金融投资需求的金融投资者，未来会逐渐占据主导地位。相应的，在投资策略方面，大宗商品市场的投机和套利策略也会逐渐盛行，特别是通过买卖期货合约，赚取期限价差的滚动套利策略，对于商品价格的运行具有更强追涨杀跌性质的金融加速器效应。目前上海期货交易所正在筹备推出有色金属指数期货，届时将会吸引大量的金融投资者进入商品市场，中长期持有各种商品指数投资策略逐渐普遍，商品金融化程度会逐步加深，从而导致其风险分散价值减弱甚至衰竭。

3. 商品过度金融化会导致实体经济产生道德风险

商品过度金融化对商品期货市场的基本功能、定价机制产生了一系列深远的影响，这些影响将逐步投射到市场参与主体上来。在一个过度金融化的市场中，人的行为容易被恐惧与贪婪所统治，对整个金融生态形成破坏，并导致一种扭曲的商业文化。对产业客户而言，过度金融化导致风险对冲难度增大，商品期货价格的大幅波动容易诱导产业客户转向投机，有些民营企业甚至将主营业务转向期货市场，譬如构思利用铁矿石、焦炭、螺纹钢期货建立一个"虚拟工厂"，其后果必然是实体企业的空心化、金融化。对期货中介机构来说，商品过度金融化背景下开展期货资产管理以及自营，倾向于大量使用量化、程序化交易工具在市场上进行牟利，这些不以规避价格风险为目的的投机行为本身会加剧市场的追涨杀跌，无疑会增加大宗商品期货市场的系统性风险，导致金融化程度进一步加剧。早在 1984 年，诺贝尔经济学奖得主詹姆斯·托宾也对金融市场的赌场性质提出了警告：我们的资源被日益投向那些远离生产商品和服务的金融业务，投向那些与社会生产力不相符合却能产生较高私人收益的业务领域。正如凯恩斯对他所处时代的先见之明，金融工具要获得流动性和可流通性等优势，就必然以目光短浅且效率低下的金融投机为代价，这种投机性的商品期货市场对实体经济造成了巨大伤害。比如，稀有金属镍是生产不锈钢的重要原料，历史上从来没有高过 216 万美元/吨，但 2007 年伦敦金属期货市场把镍炒到 512 万美元/吨，结果几乎全世界不锈钢生产商都没钱赚，而期货投机者则大发横财。

6.2　中国大宗商品金融化的相关应对策略

与更一般的金融动机类似，金融投资者在商品市场上持有头寸，对宏观经济、相关金融市场走势的考虑发挥了关键作用，金融投资者所获得的信息通常高度相似，并且认为信息对大宗商品期货市场的影响类似于其他金融市场。金融投资者往往资金规模较大，商品金融化往往带来金融投资者的羊群行为以及自我实现预言的风险。

令人担忧的是，羊群行为从根本上改变了市场行为及信息对均衡价格的决定作用，破坏了基于大量独立个人供需信息的自由市场生态。例如，一旦"羊群效应"成为大宗商品市场的主要特征，意味着许多有实力的参与者使用相同的信息、观点与头寸，从而导致价格暴涨暴跌。大宗商品金融化背景下，对市场参与者来说，应该考虑如何建立新的分析框架，更好地进行有效投资；对监管层来说，需要考虑期货市场如何对生产商、贸易商提供可靠的价格信号，至少防止发出错误信号，监管层应该有所作为，更好地发挥期货市场功能。因此，本书主要从四个方面给出应对策略。

6.2.1　改变传统的分析预测模型

期货市场上有大量的期货分析师，分散在期货公司、私募基金、实体企业里，他们承担着期货价格分析预测的角色，对期货市场价格走势有举足轻重的影响。无论是卖方研究，还是买方研究，预测期货价格走势离不开对现货供需基本面的分析。2008年世界金融危机以前，只要把现货供需平衡表、季节性规律分析透彻，行情把握自然胸有成竹。2008年金融危机以后，仅从供求分析来预测大宗商品价格走势往往具有很大的不确定性，以宏观经济、金融为主的金融化因子对大宗商品价格的影响越来越大，期货市场分析师应该转变传统的分析预测模型，重视全球宏观经济、货币政策与流动性、汇率对资产价格的影响，以更好地捕捉由于宏观经济、金融因子变化带来的价格波动。此外，分析师还应该密切关注欧美、中国的股票、债券等相关市场的走势，金融市场之间的波动溢出效应会导致联动增强。

6.2.2　提升现货、期货市场透明度

现货市场透明度提高有助于提供更及时、更准确的大宗商品供需基本面信息。与欧美发达国家相比，中国现货市场的透明度要低很多，权威数据统计及预测机构少之又少。以农产品为例，中国已经上市了大豆、豆粕、豆油、菜籽、菜粕、菜油、棉花、白糖、玉米、小麦等十多个品种，至今为止并未有类似 USDA 每个月定期公布的数据报告，市场投资者需要了解中国农产品基本面，需要借助各种五花八门的本土资讯网站以及 USDA 报告；没有种植面积、单产、库存、进口量、出口量等详细的年度或者月度预测数据，市场参与者很难评估当前农产品期货价格和未来的基本供求是否一致。工业品如有色金属、煤焦钢、化工品期货的月度消费数据很难获得。总体来说，现货市场高质量、及时的供需信息将会减少市场参与者的不确定性以及"羊群效应"。

为提升现货市场的透明度，建议农业部等相关政府机构，加大市场服务力度，提供中国及世界供需基本面权威历史统计及预测数据、主要产区天气情况监测；工业品相关协会可以建立类似 JODI 石油市场数据库，其中涵盖了生产、需求、炼油厂出入量、进口、出口、期末库存水平和库存变化，这一系列举措将有利于期货价格更好地反映现货供需基本面，降低信息的不对称性，避免期货价格受到金融投资者的炒作而脱离现货基本面。此外，为了实现大宗商品现货市场更大的透明度，相关政府机构需要定期组织生产者与消费者对话，改善数据收集、分析和传播的渠道与手段。

为提高期货市场的透明度，建议交易所、行业协会等相关主体建立一个类似 CFTC、LME 的持仓报告制度，将市场投资者持仓进行详细分类，对显著影响商品期货价格走势的信息，及时进行披露与风险提示，防止期货价格被金融投资者过度炒作。

6.2.3 建立动态的商品金融化监测系统及价格稳定机制

商品期货交易金融化不仅要考虑市场透明度与监管问题，还要考虑通过供给方面的措施应对价格的过度波动，因为任何突然产量下降，或者库存处于低位，将会导致价格迅速上涨；而经济增速放缓、供给过剩会导致商品价格长期走熊，损害实体企业的盈利能力，为防止金融化导致价格大涨大跌，相关政府部门应该密切关注国内、国外大宗商品期货市场，灵活运用生产配额制度、价格干预、贸易政策、补贴措施、储备制度以及改革措施，建立科学合理的金融化程度以及风险监测系统。此外，中国是一个人口众多而资源相对贫乏的国家，对石油、铜、铁矿石、煤炭、橡胶等资源性大宗商品以及糖、棉花、大豆、小麦、稻谷等大部分缺乏国际竞争力的大宗商品，应该采取积极的产业扶持政策，并严格限制其出口，制定科学的产业发展政策，鼓励企业合理利用期货、期权等衍生工具规避风险。

6.2.4 转变监管方式，鼓励市场创新

由于历史原因，中国期货市场一直受到"五位一体"的严格监管，表现出来期货品种成熟度、深度与广度远远不如欧美发达市场，产业投资者、金融投资者的参与比例严重偏低。目前来看，金融投资者参与商品期货的制约因素仍然较多。政策层面上，一方面，受央行、证监会、保监会和银监会制度约束，商品期货市场尚未对相关机构全面开放；另一方面，期货风险监控较严格，部分金融投资者（特别是国企）不允许参与期货，部分机构只能做套期保值业务。2014 年，中国证监会发布《关于进一步推进证券经营机构创新发展的意见》、《关于进一步推进期货经营机构创新发展的意见》，标志着证监会正在转变监管方式，按照"放松管制、加强监管"的思路，支持证券公司、公募基金参与大宗商品期货市场，提出加快发展期货公司资产管理业务，鼓励发展私募期货基金，这两个《意见》的落实，将为中国期货市场注入新的投资力量，同时应该扩大证监会等监督主体的监管范围，当金融产品、金融创新日

益复杂，金融风险容易在股票、债券、货币、大宗商品上相互传导，为了有效辨别并规避这些风险，监管机构之间要进行有效沟通与合作。所以，扩大金融监管机构的监管范围，有利于防止过多的金融资本进入大宗商品期货市场，从而导致过度金融化。相反，就现阶段来说，中国大宗商品市场依然很年轻，适度引导金融资本进入大宗商品期货市场，有利于期货市场功能的发挥，更好地服务实体经济。

第七章

本书研究结论与研究展望

7.1　本书研究的主要结论

　　本书主要是对金融化相关文献进行梳理和评述的基础上，综合运用理论分析、实证分析、规范分析等多种研究方法，对大宗商品金融化的市场表现、金融投资者对大宗商品定价机制的影响进行了探讨，在此基础上进一步研究了金融化大宗商品与股票、债券市场的风险传染与信息扩散机制以及应对策略，得出了以下主要结论：

　　第一章，导论。随着证券、期货市场越来越成熟，场内、场外市场的融合程度前所未有，信息在各个市场之间的传导日益显著，金融化问题越来越普遍。各领域对大宗商品金融化的定义通常比较模糊，对大宗商品市场本身以及相关金融市场带来的影响如何，相关研究并不多。本书提出对大宗商品金融化重新界定，从商品金融化的宏观、微观表现出发，系统深入地研究商品金融化的相关问题。

　　第二章，相关研究文献综述。金融化的定义主要涉及宏观经济与大宗商品两个层面，大宗商品金融化本身是一个存在争议的话题。与第一章提出的研究思路相呼应，本书首先梳理了涉及金融化定义的相关文献；其次，就大宗商品联动、"羊群效应"、指数化投资、金融化效应模型等角度，总结了国内外学者们对大宗商品市场金融化的研究成果；对宏观经济、货币政策与流动性、汇率与大宗商品价格之间的关系进行了提炼。最后，综述了大宗商品的风险分散与波动溢出效应相关文献，认为金融化背景下该问题有进一步研究的空间。

　　第三章，大宗商品金融化的市场表现。一直以来，金融化的定义较为含糊，对金融化程度很难进行定量研究。本书在梳理现有文献的基础上，重新定义了"大宗商品金融化"，并明确指出本书的研究对象是大宗商品期货，从宏观与微观两个层面分析大宗商品金融化的市场表现、原因及可能产生的影响。

从宏观的角度分析金融化程度。部分学者用期现价格联动、市场受到系统性风险冲击、换手率等指标来衡量金融化程度，得出的结论往往有很大的局限性，因为即使没有金融资本介入，这些指标也会显示存在金融化程度较高的现象。大宗商品市场是否出现金融化，核心要看期货市场相对实体经济而言，是否存在过度交易，或者期货价格是否严重偏离现货供需基本面。用成交量与现货产量比、成交持仓比、供需基本面与期货价格的相关系数等指标能较好地衡量大宗商品期货市场的金融化程度。研究发现：不同的指标显示中国与欧美市场的金融化程度存在显著差异。对比中国、欧美国家的期货市场，单从成交量与现货产量比看，欧美国家期货市场的深度远远强于中国，这是因为欧美投资者中机构投资者占比越来越大，包括养老基金、保险基金、共同基金、封闭基金、信托基金、对冲基金都会参与大宗商品市场，使得期货成交量远远高于现货产量；从成交量与持仓比、价格与基本面一致性以及投资者结构来看，中国市场的投机程度远远高于欧美市场。

从微观的角度分析金融化程度。本书以 2004 年、2008 年作为分界点，运用单个资产与具有相似特征和走势的资产组合之间的收益率差量 CSAD 与该资产组合收益率的时间序列模型来估计商品板块的"羊群效应"与金融化效应，研究结果表明：(1)中国大宗商品市场"羊群效应"在 2004 年、2008 年前后表现不一。从总体看，大宗商品 2008 年以后的"羊群效应"较 2004 年之后更为显著；从板块与板块之间的关系看，农产品与化工品在 2004 年以后具有明显的风险联动及"羊群效应"，农产品与有色金属在 2004 年之后具有较强的"羊群效应"；煤焦钢与化工板块在 2004 年之后具有次强的"羊群效应"；有色金属与农产品、化工品在 2004 年以前具有明显的风险联动，与贵金属在 2004 年之后具有明显的风险联动及"羊群效应"。(2)总体而言，2000—2014 年，除煤焦钢外，股票市场并非对所有大宗商品的冲击显著。无论是以 2004 年为分界点，还是以 2008 年为分界点，$\alpha_{3,s} + \delta_{2,s}$ 均显著为正，而大宗商品、农产品、化工、有色金属板块的 α_3 显著为负，说明股票市场对大宗商品的冲击并未导致其产生"羊群效应"，反而显著放大了各板块品种之间的波动非一致性。

本章从宏观上肯定了商品金融现象的存在，在微观层面进行的实证表明：大宗商品之间存在明显的风险联动与"羊群效应"，除煤焦钢外，股票市场对其他商品板块"羊群效应"的冲击似乎并不显著，部分实证结果支持大宗商品金融化这一假说。我们认为，将金融化简化为股票市场对大宗商品市场的冲击有很大的局限性：首先，相当一部分大宗商品是全球定价，金融化因素并非完全由中国股市传导，将金融化简化为中国股市对大宗商品市场的冲击有很大的局限性；其次，中国三大商品期货交易所尚未推出权威的商品指数期货，缺乏相应的指数投资者，部分指数由作者自己构建，其影响力本身具有一定的局限性。然而，随着国内外市场一体化、交易主体、交易机制的金融化以及金融因素向产业链渗透，中国大宗商品期货市场存在金融化现象是毋庸置疑的，研究大宗商品金融化对资产定价、资产配置、监管转型具有重要意义。

第四章，大宗商品金融化对传统定价理论的拓展与实证。关于大宗商品现货市场的定价理论，经济学家们提出了多种理论解释，包括劳动价值论、边际效用学、古典经济学以及信息博弈论视角，而大宗商品期货市场定价经典理论主要是存储理论、风险溢价理论、对冲压力理论，其本质上是研究期货与现货之间的关系，当越来越多的金融投资者进入大宗商品期货市场时，商品期货隐含对未来宏观经济、金融因子的预期也越来越明显，期货并非按照现货定价，现货反而跟随期货波动。为了描述金融投资者参与情况下的情形，本书在 Redrado（2009）异质性代理人理论模型的基础上，引入了基于宏观面影响因素的预期调整，认为金融投资者同时扮演宏观面、基本面、技术面代理人的角色，从而推导出参与者异质性定价模型显示：驱动价格的关键因素仍然是宏观总需求以及单个商品的供需基本面，由于金融投资者更加关注总需求而非单个商品的需求，商品基本面逐步金融化。最后，在 Borensztein&Reinhatr（1994）的框架下，引入了货币市场，探讨局部均衡即货币市场与产品市场均衡下的大宗商品宏观定价模型，在理论上分析宏观经济预期、货币政策与流动性、汇率与大宗商品期货之间的相互关系。

按照古典经济学供求定价理论，大宗商品价格由供给与需求的相对紧张程度来决定，然而，随着对冲基金以及量化投资技术的兴起，仅从供需分析来预测大宗商品价格走势往往具有很大的不确定性，以宏观因子为主的金融化因素对大宗商品的影响越来越大。中国经济总量目前已经跃居全球第二，仅次于美国，是大宗商品主要的进口国与消费国之一，对大宗商品的价格走势具有举足轻重的影响。为了量化研究这种影响的大小与持续性，本书以中国及全球主要经济体的宏观经济、货币流动性、汇率作为影响大宗商品金融化的主要因素，借助 SVAR 模型探讨主要因子对大宗商品走势的冲击以及每一个结构冲击对这些变量变化的贡献度，进一步评价不同结构冲击的重要性。然而在实务中，由于现货数据的缺乏，商品供需紧张程度很难刻画，本书分三种情况刻画了大豆、橡胶、螺纹钢供需紧张程度，分析了考虑基本面情况的宏观因子与基本面因子的贡献率。

考虑中国宏观因子以及全球主要经济体的宏观因子分两种情况进行实证比较，得出如下结论：（1）大宗商品受到金融化因素影响明显。从冲击贡献率看，不考虑大宗商品期货指数自身的贡献率，中国与全球主要经济体 OECD 领先指标对大宗商品期货指数价格的贡献最大，货币供给量与汇率影响较小。中国与全球主要经济体宏观因子对大宗商品指数波动贡献率分别为 17％与 20％。具体而言，全球主要经济体 OECD 领先指标对大宗商品的冲击大于中国 OECD 领先指标，前者能解释17％左右的波动，后者能解释 14％左右的波动；美元指数对大宗商品波动的贡献率大于人民币汇率。（2）在不考虑供需基本面的情况下，由中国宏观因子扰动对大宗商品变动的贡献率总和按大小排列依次为煤焦钢（99.91％）、有色金属（16.63％）、农产品（11％）、化工品（10.99％）、贵金属（6.23％），由全球主要经济体宏观因子扰动对大宗商品板块变动的贡献率总和按大小排列依次为煤焦钢（99.02％）、有色金属（20.1％）、农产品（12.72％）、化工品（11.83％）、贵金属（6.15％）。除煤焦钢、贵金属外，全球主要经济体宏观因子扰动对其他三个板块指数的贡献率明显高于中国宏观因子。换句话说，从全球范围内考虑金融化因素能更好地解释大宗商品价格的波动。（3）在考虑供需基本面因素的情况下，因为品种属性之间的差异，无论是只考虑中国因素，还是通盘考虑全球主要经济体，由基本面扰动引起的贡献率均未超过 5％，远远低于宏观因子 15％—20％左右的贡献率，基于宏观因子的定价模型更适合解释大宗商品的价格波动。（4）从相关系数来看，化工品、煤焦钢、有色金属三大工业品板块相关系数最高，其次是农产品与化工品，贵金属与其他板块之间的相关系数较小；大宗商品与中国 OECD 领先指数、中国 M2、全球主要经济体呈正相关关系，与人民币汇率呈负相关关系；除贵金属外，大宗商品与美元指数呈负相关关系，与全球主要经济体 M2 同比关系不一。总体来看，所有商品与 OECD 领先指数的相关性强于其他宏观因子，全球货币流动性与大宗商品的相关性较弱并且方向不一。

需要指出与说明的是，第一，由于螺纹钢、焦煤、焦炭期货是在2008年之后上市，时间较短，其指数由作者加权合成，从更长远的时间段来说，仍属于一些随机样本，运用这些模型预测未来价格走势仍需要谨慎。第二，在数据缺乏的情况下，大部分商品尤其是工业品的供需紧张程度很难度量，如何采用合理的指标进行替代需要深入研究；第三，本书采用OECD领先指标替代宏观经济走势，欧美发达国家与中国的经济结构并非完全一致，而在实务领域中关注的宏观经济指标并非完全一致，如美国主要观测其失业率与房地产市场销售量与价格走势；中国则需关注PMI、工业增加值、发电量、固定资产投资等，基于宏观因子的商品定价模型有待进一步研究。尽管存在种种限制，将宏观因子纳入大宗商品资产定价、信息扩散研究中，具有重要意义。

第五章，大宗商品期货对股票、债券市场的风险分散价值研究。在过去很长一段时间里，不同经济周期中，各类资产表现不一，呈现资产轮动的特征，理论界与实务界普遍认为，将大宗商品纳入资产组合能够对冲股票、债券市场的波动风险，降低投资组合的系统性风险。然而最近十年，受大宗商品金融化的影响，学术界对商品能否带来分散化投资的好处提出了质疑。

针对这些质疑，本书首先分析了金融化因素的传导机制以及大类资产的互动机理，分三个阶段按整体市场、板块、单个品种考察了商品期货、股票市场、10年期国债到期收益率的波动率即相关系数，研究发现：（1）除农产品外，其他商品期货板块指数与对应的股票板块指数的相关系数在三个阶段中呈现逐步上升的趋势，最近三年这一趋势进一步加强；（2）大宗商品与股票市场的相关系数与资产价格本身的波动率并无直接关系；（3）微观单个期货品种与相应个股大部分表现出正相关关系，与大类资产、板块指数方面的实证结果大体一致。研究结果暗示近年来大宗商品风险分散价值越来越弱。

接下来，运用三元BEKK－GARCH模型以及Winrat7.0软件，对大宗商品期货与股票、债券市场的风险传染与信息扩散机制进行了实证分析，研究发现：（1）从大类资产看，商品期货与股票市场存在双向波动溢出效应，国债向大宗商品存在单向波动溢出效应。（2）从板块看，除农产品、煤焦钢外，化工品期货、有色、贵金属期货对相应的股票板块具有波动溢出效应，所有的股票板块对相应的期货板块指数具有波动溢出效应；除有色金属外，农产品期货、化工品期货、煤焦钢期货、贵金属期货对 10 年期国债具有波动溢出效应。除煤焦钢外，10 年期国债对相应的期货板块也具有波动溢出效应。（3）从单个品种看，白糖、PVC、螺纹钢、沪铜、黄金期货与相应的个股存在明显的双向波动溢出效应；除沪铜、黄金外，白糖、PVC、螺纹钢期货对 10 年期国债存在明显的波动溢出效应。（4）无论是整个市场、板块还是单个品种，商品金融化改变了大宗商品价格变化对股票市场、债券市场的影响模式，大类资产市场之间的关系越来越密切，当影响大宗商品的金融化因素发生变化时，其价格波动风险会立即传导到股票、债券市场，符合正常的理论逻辑。与此同时，当股票市场、债券市场价格的波动也会传导到大宗商品市场，这一现象越来越普遍，金融化商品对资产配置来说，其风险分散价值越来越弱。（5）商品金融化因子对 10 年期国债的贡献率普遍高于股票板块，商品期货板块指数对股票板块指数、10 年期国债的贡献率普遍低于金融化因子的贡献率，大宗商品期货、股票、债券市场受共同的因子驱动，且彼此价格之间的联系越来越紧密，传统的资产轮动理论在解释预测价格波动方面明显不足，商品金融化使得大类资产之间的关系超越传统的经济关系而存在。

需要指出的是，大宗商品与股票市场、债券市场之间的波动溢出效应，一定程度上可以为投资者分析市场行情提供指引，对监管层监测不同市场之间的风险传染具有重要意义。

第六章，大宗商品金融化的评价与应对策略。大宗商品金融化改变了商品期货的传统定价机制，显著影响了期货市场的价格发现、规避风险、财富管理等基础功能的发挥，对市场参与者、监管层将产生较大的冲击。金融化一直是一个有争议的话题，针对第三章至第五章的研究结果及中国期货市场的自身特点，本书提出应该辩证地看待金融化带来的影响。适度金融化有利于期货市场功能发挥，而过度金融化则会导致价格脱离自身供需基本面，损害风险分散价值，严重时会导致实体经济产生道德风险。针对过度金融化带来的影响，本书最后提出了相关的政策建议与投资建议。

7.2　进一步研究展望

大宗商品金融化是一个近年来非常热门的问题，涉及的内容很多，存在的争议也很多。本文试图建立一个系统的分析框架，但由于作者能力与时间的限制，难免存在一些不足之处，需要在以后的研究中进一步改进与完善。

（1）本书主要是从局部均衡的角度考虑大宗商品的定价机制，相对于传统的局部均衡分析方法，动态随机一般均衡模型在研究资产价格决定问题上具有更多优势。具体而言，进一步研究可以在理论框架上可以对主流宏观数量分析工具 DSGE 模型进行拓展，分析宏观经济、货币政策与大宗商品之间的动态决定关系。第一，引入金融机构与金融市场，这些金融投资者有自己的目标函数；第二，引入利率体系，市场参与者不同的风险偏好对于商品价格决定具有重要意义，通过异质的市场参与者引入多利率体系，从而区分大宗商品的实体需求与金融需求；第三，利用动态优化方法对各经济主体（主要包含居民、厂商、政府、金融投资者等）在不确定环境下的行为决策进行分析，得出经济主体在约束条件下的最优行为方程。在 DSGE 的框架下研究大宗商品价格的决定问题，是一个非常富有挑战与研究价值的方向。

（2）本书在商品金融化微观市场表现研究方面不够深入，首先，可以运用马尔科夫区制转移 MS－GARCH 模型深入研究不同区制状态下不同大宗商品之间、股票市场对商品市场"羊群效应"的冲击，解决每个时间点波动性的区制转移概率问题；其次，可以对比中国与美国、英国期货市场的差异，并结合金融化宏观衡量指标、市场投资者结构，构建出一套科学的商品金融化程度监测系统。

（3）在大宗商品风险分散价值的研究中，可以进一步研究大类资产之间的动态条件相关系数，更好地捕捉波动率与相关系数之间的关系；在研究商品供需基本面对大宗商品价格的影响方面，研究对象过窄过小，其普适性还需进一步论证。由于中国乃至全球工业品数据的不透明，探索商品尤其是工业品供需面代理变量显得非常重要，本书应该尝试进一步深入探索。

（4）识别大宗商品期货市场的金融化程度，防范不同金融资产之间的风险传染，除了建立商品金融化程度监测系统之外，还需建立"适度金融化"与"过度金融化"的参数标准，以便监管层准确更好地建立制度框架，解决金融化利弊之间的动态平衡问题。

附录一

中国与美国农产品产量

附录 1.1　中国农产品历年产量

	棉花产量	豆粕产量	豆油产量	大豆产量	白糖产量
1990—1991	20700	3278	599	11000	5618
1991—1992	26100	2745	520	9710	6765
1992—1993	20700	3634	673	10300	8492
1993—1994	17200	6160	1141	15310	8300
1994—1995	19900	6958	1289	16000	6505
1995—1996	21900	6051	1150	13502	6299
1996—1997	19300	5963	1203	13220	6686
1997—1998	21100	6717	1383	14728	7789
1998—1999	20700	10023	2050	15152	8631
1999—2000	17600	11975	2480	14250	8969
2000—2001	20300	15050	3240	15409	6947
2001—2002	24400	16300	3575	15410	6849
2002—2003	25200	21000	4730	16510	8305
2003—2004	23800	20190	4535	15394	11380
2004—2005	30300	24026	5421	17400	10734
2005—2006	28400	27296	6149	16350	9826
2006—2007	35500	28465	6410	15080	9446
2007—2008	37000	31280	7045	12725	12855
2008—2009	36700	32475	7325	15540	15898
2009—2010	32000	38644	8726	14980	13317
2010—2011	30500	43560	9840	15080	11429
2011—2012	34000	48288	10914	14485	11199
2012—2013	35000	51440	11626	13050	12341
2013—2014	32000	54451	12317	12200	14001
2014—2015	29500	58212	13164	12000	14346

数据来源：USDA，单位千吨

附录 1.2　美国农产品历年产量

	棉花产量	豆粕产量	豆油产量	大豆产量	白糖产量
1990—1991	15505	25696	6082	52416	6070
1991—1992	17614	27062	6507	54065	6330
1992—1993	16218	27546	6250	59612	6627
1993—1994	16134	27682	6328	50885	7111
1994—1995	19662	30182	7082	68444	6945
1995—1996	17900	29508	6913	59174	7191
1996—1997	18942	31035	7145	64780	6686
1997—1998	18793	34633	8229	73176	6536
1998—1999	13918	34285	8202	74598	7277
1999—2000	16968	34102	8085	72224	7597
2000—2001	17188	35730	8355	75055	8194
2001—2002	20303	36552	8572	78672	7956
2002—2003	17209	34649	8360	75010	7167
2003—2004	18255	32953	7748	66783	7644
2004—2005	23251	36936	8782	85019	7847
2005—2006	23890	37416	9248	83507	7146
2006—2007	21588	39037	9294	87001	6713
2007—2008	19207	38359	9335	72859	7662
2008—2009	12815	35473	8503	80749	7396
2009—2010	12188	37836	8897	91417	6833
2010—2011	18104	35608	8568	90605	7224
2011—2012	15573	37217	8954	84192	7104
2012—2013	17315	36174	8990	82561	7700
2013—2014	12909	37204	9169	89507	8148
2014—2015	17502	37816	9194	103846	7693

数据来源：USDA，单位千吨

附录二

主要品种成交量与持仓量之比

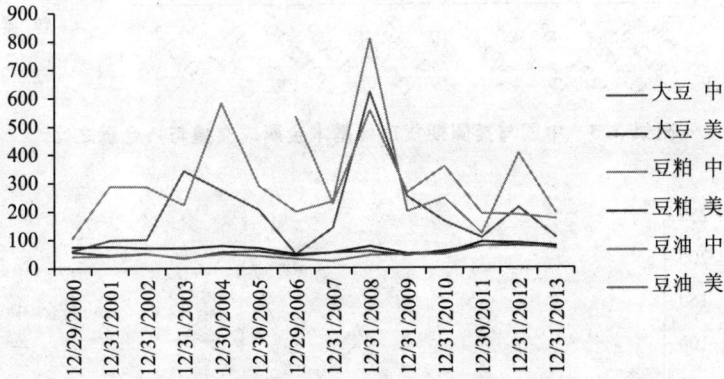

附录 2.1　中国与美国期货市场豆类油脂成交量与持仓量之比

图例：
- 大豆　中
- 大豆　美
- 豆粕　中
- 豆粕　美
- 豆油　中
- 豆油　美

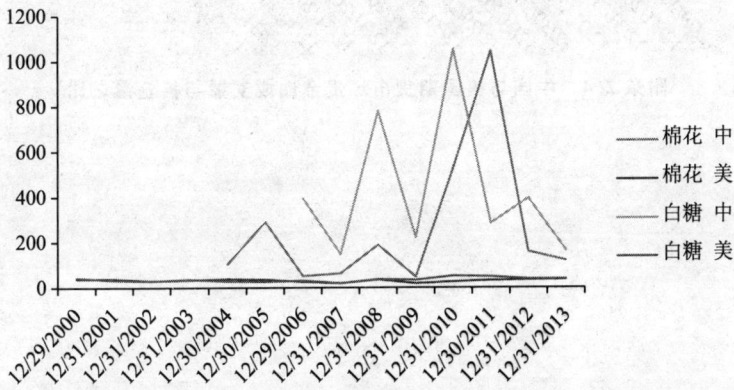

附录 2.2　中国与美国期货市场软商品成交量与持仓量之比

图例：
- 棉花　中
- 棉花　美
- 白糖　中
- 白糖　美

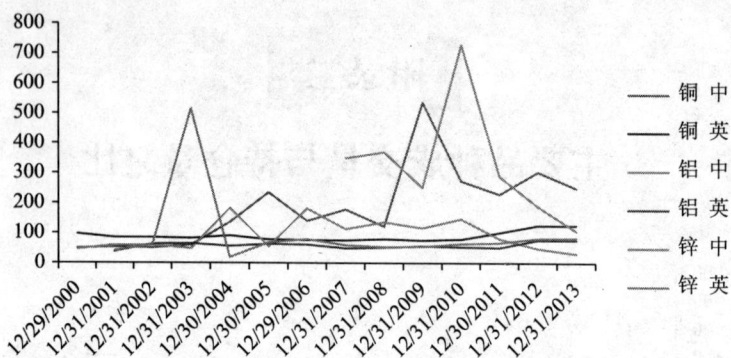

附录 2.3　中国与英国期货市场基本金属成交量与持仓量之比

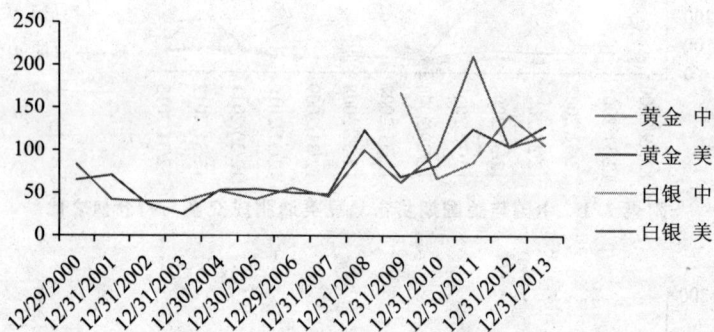

附录 2.4　中国与美国期货市场贵金属成交量与持仓量之比

中国期货市场投资者结构

	法人客户数（万户）	个人客户数（万户）	法人客户成交量（万手）	个人客户成交量（万手）	法人客户成交额（亿）	个人客户成交额（亿）
2009	2.86	88.76	18661.10	196091.89	118290.00	1182160.00
2010	3.54	117.82	26292.50	286378.17	215770.00	2869850.00
2011	4.08	137.06	20454.14	178412.56	210506.00	2416945.00
2012	1.99	69.74	26910.32	262797.66	246171.00	3171107.00

BEKK – GARCH 模型运行程序

```
open data C:\Users\123\Desktop\sixth\dzsp. xls
DATA(FORMAT＝xls,ORG＝COLUMNS) /DZSP HS BOND
system(model＝var1)
variables DZSP HS BOND
lags 1
det constant
end(system)
garch(p＝1, q＝1, model＝var1, mv＝bek, pmethod＝simplex,
piters＝10,hmatrices＝hh,rvectors＝rd) / DZSP HS BOND
```

```
open data C:\Users\123\Desktop\sixth\MJG. xls
DATA(FORMAT＝xls,ORG＝COLUMNS) /MJG MJGG BOND
system(model＝var1)
variables MJG MJGG BOND
lags 1
det constant
end(system)
garch(p＝1, q＝1, model＝var1, mv＝bek, pmethod＝simplex,
piters＝10,hmatrices＝hh,rvectors＝rd) /MJG MJGG BOND
```

```
open data C:\Users\123\Desktop\sixth\PVC. xls
DATA(FORMAT＝xls,ORG＝COLUMNS) /PVC YLT BOND
system(model＝var1)
variables PVC YLT BOND
lags 1
```

大宗商品金融化的影响研究

166

```
det constant
end(system)
garch(p = 1, q = 1, model = var1, mv = bek, pmethod = simplex,
piters=10, hmatrices=hh, rvectors=rd) /PVC YLT BOND


open data C:\Users\123\Desktop\sixth\LWG. xls
DATA(FORMAT=xls, ORG=COLUMNS) /LWG AGGF BOND
system(model=var1)
variables LWG AGGF BOND
lags 1
det constant
end(system)
garch(p = 1, q = 1, model = var1, mv = bek, pmethod = simplex,
piters=10, hmatrices=hh, rvectors=rd) /LWG AGGF BOND


open data C:\Users\123\Desktop\sixth\AU. xls
DATA(FORMAT=xls, ORG=COLUMNS) /AU SDHJ BOND
system(model=var1)
variables AU SDHJ BOND
lags 1
det constant
end(system)
garch(p = 1, q = 1, model = var1, mv = bek, pmethod = simplex,
piters=10, hmatrices=hh, rvectors=rd) /AU SDHJ BOND
```

参考文献

［1］Adams，Zeno，Glück，Thorsten．"Financialization in Commodity Markets：Disentangling the Crisis from the Style Effect"．*Conference Paper*(2013)．

［2］Adrangi，B. and Chatrath，A. "Do Commodity Traders Herd?"．The Financial Review 43(2008)：461－476．

［3］Anderson，R.，and Danthine．"Cross-Hedging"．*Journal of Political Economy* 89(1981)：1182－1196．

［4］Andrés Trujillo-Barrera，Mindy Mallory，and Philip Garcia．"Volatility Spillovers in U. S. Crude Oil，Ethanol，and Corn Futures Markets "．*Journal of Agricultural and Resource Economics* 37(2012)：247－262．

［5］Alexandra Dwyer，George Gardner and Thomas Williams．"Global Commodity Markets-Price Volatility and Financialisation，International Department"．Bullentin(2011)：49－57．

［6］Anna Creti，Marc Joëts，Valérie Mignon．"On the links between stock and commodity markets volatility"．*Energy Economics* 37 (2013)：16－28．

［7］Annastiina Silvennoinen，Susan Thorp．"Financialization，crisis and commodity correlation，Journal of International Financial Markets"．*Institutions ＆ Money* 24(2013)，42－65．

［8］Ansgar Belke，Ingo G. Bordon，and Torben W. Hendricks．"Monetary Policy，Globa liquidity and commodity price dynamics"．*Ruhr Economic Papers* 167(2010)：1－31．

［9］Anne-Laure Delatte，Claude Lopez．"Commodity and Equity Markets：Some Stylized Facts from a Copula Approach"．*Working paper* (2012)．

［9］Avraham Kamara．"Production Flexibility，Stochastic Separa-

大宗商品金融化的影响研究

tion, Hedging, and Futures Prices". *The Review of Financial Studies* 6 (1993): 935 - 957.

[10] Arrighi,g."The Long Twentieth century: Monery,Power, and the Origins of Our Times".*London*,*Verso* (1994).

[11] Bahattin Büyükşahin, Michael S. Haigh, Michel A. Robe. "Joëlle Miffre. 'Commodities and Equities: A "Market of One"?'. *Working paper* (2007).

[12] Bahattin Büyükşahin, Michel A. Robe, Speculators. "Commodities and Cross-Market Linkages".*Conference Paper* 12(2011).

[13] Bassam Fattouh,Lavan Mahadeva."Causes and Implications of Shifts in Financial Participation in Commodity Markets". *Futures and Financial Derivatives* (2014).

[14]Bessembinder I H. Lemmon, M. "Equilibrium pricing and optimal hedging in electricity forward markets". *Journal of Finance* 57 (2002): 1347 - 1382.

[15] Bikhchandani, S, Hirshleifer, D. "A theory of fads, fashion, custom and cultural". *Welchl* change as informational cascades". *Journal of Political Economy* 100(1992):992 - 1026.

[16] Bikhchandani, S,Sharma, S. "Herd behavior in financial markets: A review".*IMF Staff Papers* 47 (2001):279 - 310.

[17]Bodie,Z. Rosansky, V. "Risk and return in commodity fiitures".*Financial Analysts Journal*(1980):27 - 39.

[18] Chang, E. C., Cheng, J. W. "Khorana, A. An examination of herd behavior in equity markets: An international perspective". *Journal of Banking and Finance* 24(2000):1651 - 1699.

[19] Charoula Daskalaki, George Skiadopoulos. "Should investors include commodities in their portfolios after all? New evidence". *Working paper*(2011).

[20] Christie, W. G, Huang, R. D. "Following the pied piper: Do individual returns herd around the market? "*Financial Analyst Journal* (1995):31 - 37.

[21] Chong J, Miffre J. "Conditional correlation and volatility in commodity futures and traditional asset markets". *Journal of Alterna-*

参考文献

tive Investments 12(2008): 61 – 75.

[22] Chu, Ke-Young, and Thomas K. Morrison. "The 1981-82 Recession and Non-Oil P rimary Commodity Prices". *Staff Papers, International Monetary Fund* 31 (1984): 93 – 140

[23] Chu, Ke-Young, and Thomas K. Morrison. "World Non-Oil Primary Commodity Markets: A Medium-Term Frame work of Analysis". *Staff Papers, International Monetary Fund* 33 (1986): 139 – 84.

[24] Chunrong Ai, Arjun chartarh, Frank Song. "On the comovement of commldity prices". *Amer. J. Agr. Econ.* 88 (3) (August 2006): 574 – 588.

[25] Christopher L Gilbert. "Speculative influences on commodity futures prices 2006 – 2008". *Working Paper* (2009).

[26] Cipriani, Marco, Guarino, Antonio. "Estimating a structural model of herd behavior in financial markets". *Staff report*: 561(2012).

[27] Cootoer, P. "Returns to speculators: Telser vs. Keynes (1930)". *Journal of Political Economy* 68(1960):396 – 404.

[28] Daskalaki C, Skiadopoulos G. "Should investors include commodities in their portfolios after all? New evidence". *Journal of Banking and Finance* 35(2011):2606 – 2626.

[29] David Hirshleifer. "Residual Risk, Trading Costs, and Commodity Futures Risk Premia". *The Review of Financial Studies* 1 (1988): 173 – 193.

[30] David Hirshleifer. "Futures Trading, Storage, and the Division of Risk: A Multiperiod Analysis". *The Economic Journal* 99 (1989): 700 – 719.

[31] D. Baker. "The Financialization of Storable Commodities". *Working paper* (2013).

[32] Deaton, A., and G Laroque. "On the Behaviour of Commodity Prices". *The Reviewof Economic Studies* 59 (1992): 1 – 23.

[33] Demirer, R., Kutan, A. M. "Does Herding Behavior Exist in Chinese Stock Markets?" *Journal of International Financial Markets, Institutions and Money* 16(2006):123 – 142.

[34] Demirer, R., Kutan, A. M., Chen, C. " Do Investors Herd in

大宗商品金融化的影响研究

Emerging Stock Markets? Evidence from the Taiwanese Market". *Journal of Economic Behavior & Organization* 76(2010):283 - 295.

[35] Dennis, P., Strickland, D.. "Who blinks in volatile markets, individuals or institutions?".*Journal of Finance* 51(2002):111 - 135.

[36] De Roon, Frans A., Theo E. Nijman, and Chris Veld. "Hedging Pressure Effects in Futures Markets". *Journal of Finance* 55 (2000): 1437 - 1456.

[37] Devraj Basu, Joëlle Miffre. "Capturing the Risk Premium of Commodity Futures: The Role of Hedging Pressure".*Working paper* (2013).

[38] Dietrich Domanski, Alexandra Heath . "Financial investors and commodity markets".BIS Quarterly Review(2007):53 - 66.

[39] Dornbusch, Rudiger. "Policy and Performance Links Between LDC Debtors and Industrial Nations". *Brookings Paperson Economic* (1985): 303 - 356.

[40] Dusak, K. "Futures trading and investor returns: An investigation of commodity market risk premiums".*Joumal of Political Economy* 81(1973):1387 - 1406.

[41] Dwight R. Sanders, Scott H. Irwin. "A speculative bubble in commodity futures prices? Cross-sectional evidence". *Agricultural Economics* 41 (2010):25 - 32.

[42] Eduardo Borensztein, Carmen M. Reinhart. "The macroeconomic determinants of commodity prices".*IMF Staff Paper* 41. no. 2 (1994):236 - 261.

[43] Eric C. Chang. "Returns to Speculators and the Theory of Normal Backwardation". *The Journal of Finance* 40 (1985): 193 - 208.

[44] Eric C. Chang, Joseph W. Cheng, Ajay Khorana . "An examination of herd behavior in equity markets: An international perspective".*Journal of Banking & Finance* 24 (2000): 1651 - 1679.

[45] Fama, Eugine and Kennith French. "Business Cycles and the Behavior of Metals Prices".Journal of Finance 43 (1988):1075 - 1094.

[46] Franklin Allen,Douglas Gale. "Bubbles and Crises".*The Economic Journal* 110(2000):236 - 255.

[47] Froud, J. Haslam, c., Johal, s. and Williams, k. "Breaking the chains? A sector Matrix for Motoring". *Cambridge University Press* (2000).

[48] Garleanu N, Pedersen L, Poteshman A. " Demand-based option pricing".*Reviews of FinancialStudies*22(2009):4259 – 4299.

[49] Gary B. Gorton, Fumio Hayashi, K. Geert Rouwenhorst. "The fundamentals of commodity futures teturns ". *Working paper* (2007).

[50] Gabaix, X, Gopikerishman, P, Plerou, V., Stanley, H. E. "Institutional investors and stock market volatility".*Quarterly Journal of Economics* 121 (2006):461 – 504.

[51] Georgi Geor. "Benefits of Commodity Investment" .*Working paper* (2001).

[52] Gerald A.Epstein. "Financialization and the world economy". Ferias Comerciales(2005):217 – 233.

[53] Gibson, R. and Schwartz, E. "Stochastic Convenience Yield and the Pricing of Oil Contingent Claims". *Journal of Finance*45 (1990):959 – 976.

[54] Gilbert, C hristopherL. "The Impact of Exchange Rates and Developing Country Debt on Commodity Prices". *Economic Journal*99 (1989):773 – 84.

[55] Gilbert, Christopher L. "Speculative Infuences on Commodity Futures Prices 2006 – 2008".*Working Paper*, UNCTAD and University of Trento (2009).

[56] Gilbert, Christopher L. " How to understand high food prices".*Journal of Agricultural Economics* 6(2010): 398 – 425.

[57] Gilbert, C. L., " Commodity Speculation and Commodity Investment". *Working paper*. Deparment of Economics, University of Trento(2009).

[58]Gleason, K. C., Lee, C.Mathur, I. " Herding behavior in European futures markets".*Finance Letters* (2003):5 – 8.

[59] Gorton, Gary, Fumio Hayashi and Geert Rouwenhorst. "The Fundamentals of Commodity Futures Returns". *Working Paper* (2007).

[60] Ggefilis. "Macro economy, stock market and oil prices: Do

meaningful relationships exist among their cyclical fluctuations?".
Working paper (2009).

[61] Gonzalo Cortazar, Ivo Kovacevic, Eduardo S. Schwartz.
"Commodity and Asset Pricing Models: an integration".*Working paper*
(2013).

[62] Greta R. Krippner. "The Financialization of the American
economy".*Socio-Economic Review* 3(2005):173 – 208.

[63] Hendrik Bessembinder. "StudiesSystematic Risk, Hedging
Pressure, and Risk Premiums in Futures Markets". *The Review of Financial Studies* 5(1992): 637 – 667.

[64] Hirshleifer, David. "Hedging Pressure and Futures Price
Movements in a General Equilibrium Model". *Econometrica* 58(1990):
411 – 428.

[65] Holbrook Working. "The Theory of Price of Storage". *The
American Economic Review* 39 (1949): 1254 – 1262.

[66] Holbrook Working. "A Theory of Anticipatory Prices". *The
American Economic Review* 48(1958): 188 – 199.

[67] Ing-Haw Cheng, Wei Xiong. "The financialization of commodity markets". *Working paper* (2013).

[68] James D. Hamilton, Jing Cynthia Wu. "Risk and Return in
Commodity Futures". *Journal of International Money and Finance* 42
(2014): 9 – 37.

[69] James Chong, Joëlle Miffre. "Conditional Return Correlations
between Commodity Futures and Traditional Assets". *Working paper*
(2008).

[70] Jaya M. Prosad, Sujata Kapoor, and Jhumur Sengupta. "An
Examination of Herd Behavior: An Empirical Evidence from Indian Equity Market". *International Journal of Trade, Economics and Finance*
3(2012):154 – 157.

[71] J. R.Hicks. "Value and Capital: An Inquiry into Some Fundamental Principles of Economic Theory". *The American Economic Review* 29 (1939): 557 – 560.

[72] Jung Wook Park, Ronald A. Ratti. "Oil price shocks and

Stock markets in the U.S. and 13 European Countries". *Working paper* (2007).

[73] Kannan Thuraisamy, Susan S Sharma, Huson Ali Ahmed. "The relationship between Asian equity and commodity futures markets". *Working paper* (2012).

[74] Katsushi Nakajima, Kazuhiko Ohashi. "A cointegrate commodity pricing model ". The Journal of Futures Markets Vol. 32, No.11 (2012): 995 - 1033.

[75] Katherine Dusak. "Futures Trading and Investor Returns: An Investigation of Commodity Market Risk Premiums". *Journal of Political Economy* 81 (1973): 1387 - 1406.

[76] Keynes, J. "A Treatise on Money". *London: Macmillan* 2 (1930).

[77] Ke Tang, Wei Xiong . "Index investment and Financialization of commodities". Working paper(2010).

[78] Kilian L, Park C. "The impact of oil price shocks on the U.S. stock market". *International Economic Review* 50(2009): 1267 - 1287.

[79] Lazonick, a. and O'Sullivan. "Maximinzing Sharehoder value: A new Ideology for Corporate Governance". *Economy and society* 29 (2000):13 - 25.

[80] LI Xiao-ming, ZHANG Bing, DU Zhi-jie. "Correlation in commodity futures and equity markets around the world: Long-run trend and short-run fluctuation".*Working Paper*(2011).

[81] L. Gómez-Valle, J. Martínez-Rodríguez. "Advances in pricing commodity futures: Multifactor models". Mathematical and Computer Modelling57 (2013): 1722 - 1731.

[82] Lutz Kilian, Cheolbeom Park. "The Impact of Oil Price Shocks on the U.S. Stock Market". Working paper (2007).

[83] Marco Haase, J Heinz Zimmermann. "Scarcity, Risk Premiums and the Pricing of Commodity Futures-The Case of Crude Oil Contracts".*Working paper* (2013).

[84] Martijn Boons, Frans de Roon, Marta Szymanowska. "The Stock Market Price of Commodity Risk". *Working paper* (2013).

[85] Martin Redrado, Jorge Carrera, Diego Bastourre, Javier Ibarlucia. "Financialization of Commodity Markets: Non-linear Consequences from Heterogeneous Agent Behavior".*Working Paper*(2009).

[86] Michael J. Brennan. "The Supply of Storage". *The American Economic Review*.Vol. 48, No. 1 (1958): 50-72.

[87] Michał Falkowski. "Financialization of commodities". *Contemporary Economics* 5(2011):4-17.

[88] Michael Sockin, Wei Xiong. "Feedback EΧects of Commodity Futures Prices". Working Paper(2013).

[89] M. Shahid Ebrahim, Shafiqur Rahman. "The futures pricing puzzle".*Working paper* (2004).

[90] Muge Kaltalioglu, Ugur Soytas . "Volatility Spillover from Oil to Food and Agricultural Raw Material Markets". *Modern Economy* 2(2011): 71-76.

[91] Palley, Thomas I. "Financialization: what it is and why it matters". *Working Paper*(2007).

[92] Paul H. Cootner. "Returns to Speculators: Telser versus Keynes". *Journal of Political Economy* 68 (1960): 396-404.

[93] Pawe Sieczka, Janusz A. Hoyst. "Correlations in commodity markets". Physica A 388 (2009):1621-1630.

[94] Peng (Peter) Liu, Zhigang Qiu, Ke Tang. "Financial-Demand Based Commodity Pricing: A Theoretical Model for Financialization of commodities".*Working paper*(2011).

[95] Phillips,K.. "Arrogant Capital: Washington,Wall Street,and the Frustration of American politics". *New York, little, Brown, and Company* (1996).

[96] Phillips,K. "Wealth and Democracy: A Political History of the American Rich".*New York,Broadway Books*(2002).

[97] Q. Farooq Akram. "Commodity prices, interest rates and the dollar". *Energy Economics* 31 (2009):838-851.

[98] Q. Farooq Akram. "Commodity prices, interest rates and the dollar". *Energy Economics* 31 (2009):838-851.

[99] Richard Heaney. "Commodity Futures Pricing: A Simple

Model of Convenience Yields". *Working paper*(2013).

[100] Rıza Demirer, Hsiang-Tai Lee, Donald Lien. "Commodity Financialization and Herd Behavior in Commodity Futures Markets". *Working Paper*(2013).

[101] Robert H. Litzenberger, Nir Rabinowitz. "Backwardation in Oil Futures Markets: Theory and Empirical Evidence". *The Journal of Finance* 50 (1995): 1517 – 1545.

[102] Ronald Dore. "Financialization of the global economy". *Industrial and Corporate Change* 17(2008):1097 – 1112.

[103] Schwartz, Eduardo. "The Stochastic Behavior of Commodity Prices: Implications for Valuation and Hedging". *Journal of Finance* 52 (1997):923 – 973.

[104] Soane Aboura, Julien Chevallier. "Cross-Market Spillovers with 'Volatility Surprise'". *Working paper* (2014).

[105] Sofiane Aboura, Julien Chevallier. "Volatility returns with vengeance: Financialmarkets vs. commodities ". *Research in International Business and Finance* 307(2014).

[106] Sridhar Gogineni. "The Stock Market Reaction to Oil Price Changes". *Working paper* (2007).

[107] Suleyman Basak, Anna Pavlova. "A Model of Financialization of Commodities" .*Working paper* (2013).

[108] Telser, L. G."Futures Trading and the Storage of Cotton and Wheat." *The Journal of Political Economy* 66(1958):233 – 255.

[109] Trade and development report. "The financialization of commodity markets".(2009):53 – 56.

[110] United nations conference on trade and development. "The Financialization of Commodity Markets". *Working paper*(2011).

[111] Victor K. Ng and Stephen Craig Pirrong. "Fundamentals and Volatility: Storage, Spreads, and the Dynamics of Metals Prices".*The Journal of Business* 67 (1994): 203 – 230.

[112] Walid Mensi and Makram Beljid and Adel Boubaker and Shunsuke Managi. "Correlations and volatility spillovers across commodity and stock markets:Linking energies, food, and gold". *Working*

大宗商品金融化的影响研究

paper (2013).

[113] Willian F. Shaper. "Capital asset prices: a theory of market equilibrium under conditiongs of risk".*The Journal of Finance* 3(1964): 425 - 442.

[114] Williams, k. "From shareholder value to Present-DayCapitalism".*Economy and Society* 29 (2000):1 - 12.

[115] Working. "Theory of the Inverse Carrying Charge in Futures Markets ".*Journal of Farm Economics* 30(1948):1 - 28.

[116] Working . "The Theory of Price of storage". *The American Economic Review* 39(1949):1254 - 1262.

[117] Wright, B. D., and J. C. Williams . "A Theory of Negative Prices for Storage".*TheJournal of Futures Markets* 9(1989):1 - 13.

[118] Xiao-Ming Li, Bing Zhang. "Correlation in commodity futures and equity markets around the world: Long-run trend and short-run fluctuation".*Working paper* (2012).

[119] Ying Fan, Jin-Hua Xu. "What has driven oil prices since 2000? A structural change perspective". *Energy Economics* 33 (2011): 1082 - 1094.

[120] Yannick Le Pen, Benoît S'evi. "Futures trading and the excess comovement of commodity prices". *Working paper* (2013).

[121] 崔海蓉,何建敏,张京波. 我国有色金属期货波动溢出效应研究[J]. 北京理工大学学报(社会科学版),2011(4) 30 - 41.

[122] 党剑.商品金融化及其对期货市场的影[M].中国金融出版社,2013.

[123] 韩立岩,尹力博.投资行为还是实际需求? ——国际大宗商品价格影响因素的广义视角分析[J].经济研究,2012(12):83 - 96.

[124] 华仁海,刘庆富. 国内外期货市场之间的波动溢出效应研究[J].世界经济,2007(6):64 - 74.

[125] 何宜庆,陈平. 股市与债市之间波动溢出效应及动态相关性实证分析[J].南昌大学学报(工科版),2012(34):87 - 92.

[126] 胡秋灵,马丽. 我国股票市场和债券市场波动溢出效应分析[J]. 金融研究,2011(10):198 - 206.

[127] 刘庆富,张金清,华仁海. LME 与 SHFE 金属期货市场之间的

信息传递效应研究[J].管理工程学报,2008(2):155-159.

[128] 刘勇,李鹏.边际效用论价值述评[J].价值工程,2005(01):37-44.

[129] 马瑾,曹延贵.商品期货合约定价问题研究[J].广东金融学院学报,2008(23):14-26.

[130] 饶育蕾,雷湘媛,彭叠峰.商品金融化下大宗商品价格对股市的影响:一个文献综述[J].中南大学学报(社会科学版),2013(6):48-53.

[131] 任重道.过度金融化产生的道德风险[J].上海财经大学学报,2009(5):14-20.

[132] 任飞,李金林.资产配置理论与模型综述[J].生产力研究,2007(7):140-142.

[133] 孙文松.中国商品期货定价理论及其实证研究[D].华中科技大学,2013.

[134] 施亚明,何建敏.时变视角下中美农产品期货波动溢出效应实证[J].北京航空航天大学学报(社会科学版),2013(5):78-82.

[135] 宋军,缪夏美.基于期货风险溢价效应的套期保值行为模式[J].管理科学学报,2012(15):23-30.

[136] 托马斯·I·帕利.金融化:含义和影响[J].国外理论动态,2010(08):8-20.

[137] 危慧惠,樊承林,朱新蓉.基于随机便利收益的不完全市场商品期货定价研究[J].中国管理科学,2012(20):37-44.

[138] 文实萍,左璐璐.国际农产品金融化趋势实证研究[J].重庆交通大学学报(社会科学版),2014(06):35-41.

[139] 吴晓求.中国资本市场:从制度和规则角度的分析[J].金融与贸易经济,2013(01):14-27.

[140] 吴海霞,王静.我国粮食市场价格波动溢出效应研究[J].农业技术经济,2012(10):14-21.

[141] 熊正德,韩丽君.金融市场间波动溢出效应研究——GC-MSV模型及其应用[J].中国管理科学,2013(2):33-41.

[142] 杨胜刚.股票市场与商品市场互动特征比较研究[J].当代财经,2014(6):57-66.

[143] 于泳,李文庆,卢钊.商品期货市场金融化问题研究综述[J].兰州学刊,2012(04):95-100.

大宗商品金融化的影响研究

［144］张雪莹,于鑫,王上文.商品期货对资产配置的风险分散价值研究［J］.当代经济科学,2011(2):111-128.

［145］中国期货业协会.中国期货业发展报告［M］.中国财政经济出版社,2013.

［146］张兵,张蓓佳.农产品金融化对玉米期货价格的影响［J］.西北农林科技大学学报(社会科学版),2014(07):79-83.

［147］格·R·克里普纳.美国经济金融化［J］.国外理论动态,2008(07).

［148］杨扬,林惜斌.我国股市行业指数波动溢出的产业链逻辑——基于小波降噪和 BEKK-GARCH 模型的实证分析［J］.学术研究,2013(11):84-94.

［149］张培源.中国股票市场与宏观经济波动溢出效应研究［J］.经济问题,2013(3):46-68.

［150］张光磊.商品金融化的影响与对策.工作论文,www.cifd.com.cn.2013.

后 记

　　本书是在我的博士论文基础上修改、完善而成，既有对过去实务工作经验的总结，也有对投研框架的一些理论探讨，不足之处，还望各位读者多提宝贵意见。

　　在通往学术的道路上，荆棘丛生，想要做出一点点成绩，都感觉非常艰难和力不从心，对学术大师们的敬仰、敬畏之情油然而生。光阴荏苒，犹如白驹过隙，从硕士毕业走入社会，再从社会回到青青校园，已八载有余，那份埋藏多年的求学梦想，让浮躁的心终于得以宁静。虽然没有"为天地立心，为生民立命，为往圣继绝学，为万世开太平"那种豪迈，但紧张而充实的读博生涯，让我懂得了人生的价值与追求：做一个有益于社会之人，对身边的老师、同学、亲人、朋友始终怀有感恩之心。

　　首先，要感谢我的恩师林清泉教授，老师为人和善，治学严谨。从博士论文选题到思路构建，老师高屋建瓴，给了我很多启发与灵感。除了学习，导师也时常关心我的工作、生活。2014年，是我博士论文攻坚的一年，同时也是我人生中最低谷的一年，家父与岳父先后离去。然而，老师时常鼓励我，从人生目标到处世哲学，给了我很多指点。老师乐观、豁达、淡定的态度让我如沐春风，信心倍增，我甚至戏称老师为"淡定哥"。

　　其次，我要感谢中国人民大学财政金融学院张杰教授、何平教授、张成思教授、任淮秀教授、吴晶妹教授、魏丽教授对我的指导与帮助，老师们对论文思路的肯定与质疑，让我受益匪浅。感

大宗商品金融化的影响研究

谢复旦大学金融研究院的刘庆富教授,即使身在美国,不厌其烦给我讲解软件操作技巧。感谢南京财经大学副校长华仁海教授,对整个博士论文框架给了很多中肯的建议。感谢中国期货业协会副会长李强教授,对我博士论文的写作非常关心,并提了一些有益的建议。感谢同门师兄弟姐妹的帮助。感谢南京大学出版社的王日俊老师,为本书出版做了大量的工作。

最后,我要感谢我的父母、妻子以及可爱的小女靖茹,最近几年大部分时间在阅读文献、处理数据,很少有时间陪伴他们,在此表示深深的歉意。感谢身边所有的朋友、同学,你们的注视是我永远的力量。

马春阳

2016 年 3 月于北京